Besuchen Sie uns im Internet:

www.glaubenssachen.de

W0236450

Dieses Buch wurde gefördert durch die

Evangelisch-Lutherische Kirche in Norddeutschland.

2. Auflage 2020

ISBN 978-3-87503-240-6

FSC-zertifiziertes Papier aus verantwortungsvollen Quellen

Cover: Evangelischer Presseverband Norddeutschland GmbH

Titelbild: Foto-Carstens © Evangelisch-Lutherische Kirche in Norddeutschland

© Lutherische Verlagsgesellschaft mbH, Kiel 2019

Alle Rechte vorbehalten

Ulrich Wilckens

Warum ich Christ wurde

Eine nachdenkliche Rückschau

auf mein Leben

Lutherische Verlagsgesellschaft Kiel

Jan. 2021

Prof. Dr. Ulrich Wilckens, geboren 1928 in Hamburg, war Professor für Neues Testament an der Universität Marburg, an der Kirchlichen Hochschule Berlin und der Universität Hamburg.

1981-1991 war er Bischof für den Sprengel Holstein-Lübeck der Nordelbischen Ev.-Luth. Kirche und 1986-1988 Vorsitzender der Kirchenleitung der Nordelbischen Kirche.

INHALT

TEIL I

TEIL II

ANHANG

TEIL I

1. Kindheit

90 Jahre liegen hinter mir, seit ich am 5. August 1928 als zweiter Sohn eines jungen Arztehepaares in Hamburg zur Welt kam. Es war ein Leben durch sehr verschiedene Phasen, immer lebendig und aufregend. Warum meine Eltern, Dr. med. Hans Wilckens und seine Ehefrau Annemarie, geb. Arning, mir den damals fremden Vornamen Ulrich gegeben haben, den ich später in der Schweiz wiederfand, weiß ich nicht. Einen Ulrich gab es weder in einer der beiden Großfamilien noch im Freundeskreis meiner Eltern. Dagegen bekam mein älterer Bruder den Namen meines Vaters Hans und zeichnete sich dadurch mir gegenüber aus. Mein jüngerer Bruder Uwe war dann auch ein „U". Unsere Schwester Hilke, die als jüngstes Kind zur Welt kam, war als Mädchen von vornherein etwas Besonderes in der Familie, vor allem für unseren Vater. „Mein Schätzchen", sagte er immer zu ihr.

Beide Familien, aus denen unsere Eltern stammen, gehörten zum exklusiven Kreis der alt-Hamburger Familien, die, von anderen abgehoben, besondere Ehre beanspruchten. Einen dieser Vorfahren kann man noch heute als „Senator" im Rathaus bewundern. Die Wohlhabenden besaßen ihre Häuser am Alsterufer auf Uhlenhorster Seite. Die Außenalster wirkt wie ein großer See inmitten der Stadt. Natürlich hatten nahezu alle einen Bootsanleger. Die Wohnstätten der ganz Reichen waren Paläste mit großen parkähnlichen Gärten. An zwei von ihnen erinnere ich mich besonders gut.

Meine Urgroßmutter mütterlicherseits war eine Jüdin aus Westfalen und durch ihre Heirat mit einem namhaften Kaufmann in Hamburg längst „eingebürgert" und anerkannt, zumal seitdem sie nach dem frühen Tod ihres Mannes die Geschäftsführung wie eine Generalin herrschend übernommen hatte. Ich sehe sie noch am großen Schreibtisch ihres Kontors über Akten gebeugt sitzen, wie sie alle Belege prüfte und in verschiedene Kästen ablegte. Wie viele andere Familien bewohnte sie ein großes

Schloss-ähnliches Haus an der Außenalster. Es wurde von jungen Mädchen unter der Leitung einer ehrwürdigen älteren Frau in Ordnung gehalten. Der große Garten mit ein paar riesigen Bäumen und ausgedehnten Blumenbeeten wurde sicher von einem Gärtnerteam bearbeitet, woran ich mich aber nicht erinnere. Für uns Kinder, die häufig zum Spielen in diesen Garten kamen, war die Attraktion ein alter Schuppen, in dem eine edle Pferdekutsche aus alter Zeit stand; mit ihr waren die Ahnen durch die Stadt gefahren und von allen Fußgängern gleich als ehrwürdig erkannt worden. Wir durften dieses Gefährt jedoch lediglich bewundern, aber nicht einsteigen oder es gar durch den Garten ziehen. Doch wenn wir uns vom Haus her unbeobachtet meinten, taten wir es mit großem Vergnügen.

Wie alle vornehmen Wohnsitze war auch der meiner Urgroßmutter am Ufer der Alster gelegen und hatte einen Anleger für mehrere Ruderboote, „Dingies" genannt. Unter der Leitung meiner Großmutter waren wir oft auf der ganzen Außenalster unterwegs. Sie sollte auf uns aufpassen, war dabei aber immer so ausgelassen-fröhlich, wie ich sie im Haus nie erlebte.

So oft wir zum „Langen Zug Nr. 1" kamen, immer war es eine selbstverständliche Ehrfurcht, ein Staunen, mit dem wir das Haus betraten. Im Erdgeschoß befand sich nicht nur das Kontor von Urmama, sondern in seiner Mitte ein großer Festsaal, der mit antiken Stühlen um einen blumengeschmückten Esstisch herum und an den Ecken mit ausladenden Lehnstühlen ausgestattet war. Dies war für uns Kinder so vornehm-fremdartig, dass jedes Gespräch und erst recht alles Lachen verstummte. Im oberen Stockwerk hatte Großmama ihre Gemächer neben denen der Urmama. Ihr Verhältnis zu ihrer Mutter war jedoch, obwohl sie über die Mitte ihres Lebens weit hinaus war, wie das eines unmündigen Kindes. Auch und gerade für sie galt die Herrschaft ihrer Mutter, die absolute Herrscherin des Hauses war und in Befehlston mit ihr sprach. So erlebten wir unsere Großmama, wenn sie dort im Haus war, immer merkwürdig still und „verhuscht". Umso gesprächiger und jederzeit zu Lachen und „Ulk" bereit war sie, wenn sie uns in unserem Zuhause besuchte; das geschah oft, mindestens jede Woche einmal. Hier erzählte sie uns viel „von früher".

Entsprechend war im nahe gelegenen Grundstück der Großfamilie meines Vaters ein wohlhabender Hamburger Industrieller namens Blohm der ebenso absolute Herrscher im Haus. Er war so majestätisch, dass wir ihn kaum je zu besuchen wagten. Einmal im Jahr jedoch kam seine ganze Großfamilie in seinem „Schloss" zusammen: zu einer Weihnachtsfeier, in der allerdings nichts Christliches zu erkennen war. Der Onkel selbst war die Hauptperson als „Weihnachtsmann". Als es dunkel wurde, streifte er zunächst lange Zeit verkleidet in seinem roten Mantel mit einer Laterne durch den Garten und kam erst ins Haus, als alle ihn im Garten gesehen und bewundert hatten. Im großen Saal trat er dann in die Mitte und rief alle Kinder nacheinander zu sich. Jedes musste einen Vers aufsagen. Je nach dem, was ihm zuvor die Eltern über das Betragen ihrer Kinder während des abgelaufenen Jahres gesagt hatten, bekamen wir entweder ein Säckchen mit edlen Süßigkeiten und wurden gelobt. Wenn wir aber nicht „brav" gewesen waren, traf uns schroffer Tadel des „Weihnachtsmanns" und wir wurden von ihm ernst ermahnt, im kommenden Jahr „brav" zu sein. An dieser Zeremonie lassen sich gut die damals geltenden Prinzipien der Kindererziehung in den Elternhäusern erkennen: „Brav" hatten Kinder zu sein; und oft genug gab es solch richterliche Szenen auch bei uns zu Hause.

So muss auch mein Vater erzogen worden sein. Die im Bürgertum übliche Verbindung von Moral und Religion muss ihn jedoch derart abgestoßen haben, dass wir Kinder in seiner Erziehung zwar eine strenge Ordnung dessen, was sich zu tun und zu lassen gebührt, zu hören bekamen. Aber Strafen, wodurch die Getadelten etwa in die Ecke gestellt worden wären, gab es nie. Erst recht gab es in unserem Zuhause keine Schläge. Das Grundmotiv seines Verhaltens zu uns war herzlich-warme Liebe, in der wir uns wohlgefühlt haben. In wilden Geländespielen mit ihm in der Natur ließ er sich sogar von uns gefangen nehmen; und wenn nach der Ordnung des Spiels er uns gefangen zu nehmen hatte, war das Ende immer ein fröhliches zusammen Essen.

Jedoch: Jegliches **Christliche** hat er – wohl in Reaktion gegen die Erziehung seines Elternhauses – schroff abgelehnt. Weder Gebete durfte unsere Mutter abends und morgens mit uns sprechen noch christliche Lieder mit uns singen. Ein gemeinsames Tischgebet gab es nie. Erst recht einen Gottesdienst haben wir nie erlebt. Weihnachten war ein schönes, fröhliches, aber religionsfreies Fest. Maria und Joseph waren menschliche Eltern wie die unsrigen und das Jesuskind ihr Baby – ein Bild unseres eigenen Familienlebens, in dem 1935 die Geburt meiner Schwester uns das Aufwachsen eines Babys erleben ließ. Unser Vater hat zwar zugelassen, dass wir Kinder alle getauft worden sind: aber zu Hause und durch einen Pastor aus seiner Bekanntschaft. (Ob der diese Taufen überhaupt nach dem christlichen Ritus der Kirche vollzogen hat, habe ich später nie herausbekommen.) Meine Mutter musste sich dem Willen meines Vaters fügen. Und so habe ich in den ersten 12 Jahren meines Lebens ein religionsloses Leben geführt.

Mein Vater wusste diese totale Ablehnung des ganzen Christentums auch durch seine rein naturwissenschaftliche Bildung als Arzt zu begründen. Vom Innersten her war er Mediziner. Er bildete seine Weltanschauung in voller Übereinstimmung mit der naturwissenschaftlichen Theorie seines Medizinstudiums. Später hat er hier und da in Gesprächen über Themen unserer gymnasialen Schulbildung versucht, uns in seine Begeisterung für die naturwissenschaftliche Erklärung der Welt hineinzuziehen. Aber von Religion war da keine Rede. Er vermied auch jedes Streitgespräch über das Christentum. Mein älterer Bruder Hans hat mir später von tiefsinnigen Gesprächen mit Vater während dessen (seltenen) Urlauben von der Front in der Kriegszeit erzählt. Weil Hans während seines Studiums in Berlin begann, sich von sich aus für Religion zu interessieren, hatte er durch philosophische Literatur eine Möglichkeit gefunden, Religion wissenschaftlich nicht nur negativ, sondern auch positiv zu erklären, und wollte darüber die Meinung seines Vaters erkunden. Doch ist es zu ernsthaftem Austausch mit ihm nie gekommen, weil für ihn das Christentum von vornherein inakzeptabel war.

2. Das politische Engagement meines Vaters

Politisch war mein Vater sehr engagiert. Von Hitler war er emotional begeistert: Einen so willensstarken Führer brauche Deutschland, um sich von den schmachvollen Folgen des Vertrags von Versailles zu befreien. Er hatte als junger Soldat noch die letzten Grausamkeiten des 1. Weltkriegs miterlebt. Für ihn blieben die militärischen Befehlshaber wie Hindenburg auch in der Nachkriegszeit die Helden des Deutschen Volkes. Er lehnte nach 1919 die demokratische Verfassung der Weimarer Republik und deren gewählte Regierungen verächtlich ab. Nur Hindenburg war für ihn als Reichspräsident ein verlässlicher Führer. Und da Hitler mit seiner Partei Weimar ablehnte und zum Führer eines neuen, „wehrhaften" Staates werden wollte, setzte der junge Arzt alle politische Hoffnung auf ihn. Ihm war mein Vater in einem Maß verfallen, das meiner Erinnerung nach als geradezu säkular-religiös bezeichnet werden muss.

Genau erinnere ich die Radioübertragung der Ernennung Hitlers zum Reichskanzler durch Reichspräsident Hindenburg 1933. Unsere ganze Familie war im Wohnzimmer versammelt, um dieses einzigartige Ereignis aus dem Radio als geradezu religiösen Akt anzuhören. Mein Vater saß unmittelbar neben dem Apparat mit angespanntem Gesicht, um kein Wort zu überhören. Uns Kindern dagegen war das lange Zuhörenmüssen unerträglich langweilig. Wir begannen, auf den Polsterstühlen laut zu hopsen, um uns Luft zu machen. Aber unser Vater verbot uns dies mit äußerster Strenge, weil es ihn störe und der Würde des Gehörten widerspreche. Nachher erklärte er uns das Ereignis so, dass wir Deutschen nun endlich neben Hindenburg als oberstem Präsidenten des „Reichs", dem größten Helden des Weltkriegs, einen Führer hätten, der versprach, aus dem gedemütigten Deutschland wieder ein unüberwindlich starkes Vaterland zu machen – vor allem dadurch, dass er aus den Resten des Heeres eine „Wehrmacht" schaffen werde, auf die wir stolz sein könnten. Die vielen braunen Uniformen, die von jetzt an überall zu sehen waren, erklärte er uns als eine neue Art, neben den richtigen Soldaten eine große Zahl Führer-Begeisterter neu-militärisch einzukleiden.

Von der Ideologie der NS-Partei dagegen wollte mein Vater nichts wissen. Er trug zwar das Parteiabzeichen, was für ihn aber nur die Teilnahme an der neuen „Volksgenossenschaft" unter Hitler bedeutete. Als ich zum NS-Jungvolk eingezogen wurde, spottete mein Vater, nun gehöre ich zur „NS-Baby-Schar". Die folgende Hitlerjugend galt ihm nur als erste Vorbereitung zur späteren Wehrmacht. Sie sei für das deutsche Heer, das es unter Hitlers Regierung endlich wieder gebe, zur Erziehung deutscher Kinder wichtig. Die NS-Ideologie jedoch war ihm gleichgültig und die HJ eigentlich unnötig.

Den Antisemitismus, der für den Nationalsozialismus von zentraler Bedeutung war, vor allem für Hitler selbst, lehnte mein Vater ab. Er hatte einen Kreis jüdischer Ärzte um sich, mit dem die ärztlichen Vertretungen gut zu regeln waren. Und als die Familien dieser drei Arztkollegen sich 1935 zur Auswanderung entschlossen, tat es meinem Vater leid, sie aus seiner Umgebung zu verlieren. Das galt aber nur für das persönliche Schicksal dieser Arztkollegen. Von der unmenschlichen Behandlung der Juden überhaupt in Deutschland – besonders seit dem 9. November 1938 – haben wir in unserem Zuhause nie etwas gehört, leider auch keine Verurteilungen dieser Gewalt gegen jüdische Geschäfte und Häuser.

Von einem dieser jüdischen Kollegen hat mein Vater 1935 das Haus in der Isestraße 130 gekauft, in dem wir bis 1940 wohnten. Der Kaufbetrag von RM 30.000 entsprach dem damals geltenden Immobilienwert. Nach einem Gesetz der Besatzungsbehörde in der Nachkriegszeit fiel das Haus ganz an den vormaligen jüdischen Besitzer zurück. Auf einen Brief, in dem ich als junger Vikar, vermittelt durch meine Kirchenleitung, die desparate finanzielle Situation meiner inzwischen verwitweten Mutter darlegte und um Belassung des Hauses bat, erhielt ich aus Tel Aviv eine schroffe Ablehnung – ein Beispiel für die Nachkriegseinstellung vieler Juden zu „den Deutschen", die nach allen Verbrechen der Nazizeit generell keiner persönlichen Kommunikation mehr wert seien.

Ich gebe zu: Dieser Antwortbrief war für mich damals unverständlich und unerträglich. Es dauerte längere Zeit, bis ich dafür Verständnis fand.

An dieser Stelle muss ich meinen Bericht für eine kurze Erklärung unterbrechen. Wie beurteile ich heute im Nachhinein das politische Verhalten meines Vaters? Ihn einfach als „Nazi" zu verurteilen, wie das heute oft geschieht, liegt mir fern. Das wäre gegen ihn persönlich ungerecht. Zu kritisieren aber habe ich vor allem, dass er Hitler bewunderte – jedoch dessen Antisemitismus schlicht beiseite schob. Dass bereits 1933 Juden aus allen Beamtenverhältnissen entfernt wurden, hätte er entsetzt ablehnen müssen. Und dass sich die Misshandlung von Juden Jahr für Jahr fortsetzte und steigerte – man denke an die beginnenden gewaltsamen Massenverbrechen 1938 –, hätte sein Verhältnis zu Hitler verändern müssen. Was schließlich in den Konzentrationslagern an Ermordung von Millionen Juden geschehen ist, haben in den letzten Kriegsjahren nicht alle Deutschen erfahren, weil sie sich dafür einfach nicht interessieren wollten. Ich kann nur hoffen, dass das nicht auch für meinen Vater in seinem Feldlazarett gilt. War doch der Antisemitismus in der deutschen Öffentlichkeit überall zu hören und wurde in den „Führerreden", denen er ehrfürchtig lauschte, ständig wiederholt. Das bewusst zu übersehen lässt sich nur als schlimmer Fehler verurteilen. Dass wir Kinder später wegen unserer jüdischen Urgroßmutter aus Schule und Universität entfernt wurden und uns der NS-Staat so auch persönlich angegriffen hat, werde ich noch berichten.

Zurück zu den 30er-Jahren meiner Kindheit: Unsere Sommerurlaube verbrachten wir immer in Südstrand auf der Insel Föhr. Das war für uns Kinder **das** große Erlebnis des Jahres. Wir gruben um unseren Strandkorb einen hohen Sandwall. So entstand neben allen anderen Strandkörben um uns herum „unser Reich". Dort wurde viel vorgelesen. Vor allem die Kasperlebücher von Josefine Siebe wurden zu einer Welt, in der meine Fantasie lebte. Außerhalb unseres Strandreichs nahmen wir aber an den Spielen gleichaltriger Kinder teil. Und viel wurde natürlich im Meer gebadet und geschwommen. Mein Geburtstag am 5. August fiel immer in diese Ferienzeit. Wir fuhren an diesem Tag in einer Kutsche rings um die Insel. Und mein Platz durfte der Bock des Kutschers sein, der mir ab und an sogar die Zügel überließ. Meinen Vater sahen wir freilich auch in dieser Urlaubszeit auf Föhr nur selten. Er konnte und wollte seine Patienten zu Hause nicht ohne ärztliche Versorgung lassen. Für uns Kinder war es ein hochinteressantes Erlebnis, am Wochenende sein Flugzeug anfliegen und landen zu sehen.

Überhaupt haben wir immer wieder erlebt, dass mein Vater seine Verpflichtung als Arzt für seine Patienten wichtiger fand als die als Haupt der Familie. Es verging kein Sonntagvormittag, an dem beim gemeinsamen Frühstück meine Mutter ihm nicht eine lange Liste von Patientennamen diktierte, die er an diesem Ruhetag meinte besuchen zu müssen. Sonntage, an denen er sich für seine Kinder frei nahm, gab es selten.

3. Meine Kindheit
(1933-1939)

Wir lebten bis 1935 in einer Mietswohnung in Hamburg-Eppendorf und seitdem in jener Villa in Harvestehude, die mein Vater von seinem jüdischen Kollegen gekauft hatte. Dort fühlten wir Kinder uns sehr wohl, vor allem, weil es für uns einen Garten zum Spielen gab. Noch interessanter war für uns der Erwerb eines neuen, schnellen Autos der Marke BMW, das wir im Vergleich mit dem alten Opel als Fortschritt empfanden.

Der Verlauf einer Woche war immer der gleiche. Morgens ging ich zur Schule, bis 1938 in eine private Vorschule (Thedsen), von da an ins Gymnasium „Johanneum", wo nicht nur Latein und danach auch Altgriechisch gelernt, sondern auch viel Sport getrieben wurde. Politik kam dort selten vor; das beschränkte sich auf den Beginn jeder Stunde mit dem Gruß „Heil Hitler, Jungens und Mädel", den wir im Chor mit „Heil Hitler" und erhobenem rechten Arm zu beantworten hatten. Hitler war mir von meinem Vater her bekannt. Aber der Gruß wurde rasch zu reiner Formsache wie früher „Guten Morgen" und „Guten Tag". Von der NS-Ideologie kam im Unterricht nichts vor. Die Nachmittage waren mit Schulaufgaben gefüllt, die meine Mutter genau kontrollierte. Außerdem hatte ich Geigenunterricht bei einer in Hamburg bekannten Violinistin und übte jeden Tag mit einer alten Geige, die auch bei meinem oft unsauberen Spiel eine schöne Stimme hatte, fand ich. Ich liebte sie.

Dann waren da noch die HJ-Dienste jeden Mittwochnachmittag mit Exerzierübungen und Märschen im Gleichschritt. Einmal im Monat gab es am Samstagvormittag ein ausführliches Geländespiel, das oft in eine Schlägerei mündete und mit Unterricht über das Leben des „Führers" abschloss. Auch das Hitlerlied, das immer auf die Deutschlandhymne folgte, wurde uns wieder und wieder zu erklären versucht – bei mir ohne Erfolg. „Kameraden, die Rotfront und Reaktion erschossen" blieb mir unverständlich. Eindrucksvoll, aber für mich abstoßend, gab es hier und da „Aufmärsche" Hunderter Hitlerjungen mit einer flammenden Rede eines HJ-Führers, die ich aber langweilig fand.

4. Der Umzug unserer vaterlos gewordenen Familie

Als der Krieg im September 1939 begann, ließ sich mein Vater sofort als Militärarzt einziehen. So wollte er auch als Arzt am Krieg seines Vaterlandes verantwortlich teilnehmen. Meiner Mutter ordnete er an, die bombenbedrohte Stadt Hamburg mit der ganzen Familie baldmöglichst zu verlassen, um im Schwarzwald eine ungefährdete Zwischenzeit „bis zum Endsieg" zu verbringen. In Hinterzarten fanden wir eine Wohnung sowie im Landeserziehungsheim „Birklehof" eine gute Schule, die als Internat auch externe Schüler wie uns annahm. Als Tochterinstitut der Schloss-Schule Salem war Sport hier groß geschrieben, vor allem Hockey.

Für meine Mutter war der Umzug in den Schwarzwald eine Lebenswende. War das Verhältnis zu ihrem Mann in den Hamburger Jahren bestimmt durch die Orientierung an seinem Willen – nicht ganz so wie das unserer Großmutter zu ihrer sie beherrschenden Mutter, aber doch autoritär –, wurde sie seit dem Weggang meines Vaters in ein fernes Feldlazarett auf einmal die Alleinbestimmende in unserer vaterlos gewordenen Familie. Sie war in den verschiedenen Mietwohnungen in Hinterzarten das „regierende Haupt". Sie meldete uns in den Schulen an. Sie mussten wir um Erlaubnis fragen, wenn wir im Winter größere Skiwanderungen machen wollten. Vor allem aber: Sie war die Mitte unseres Familienalltags. Es war selbstverständlich, dass wir ihr in allem zu gehorchen hatten.

Doch sie regierte so völlig nicht-autoritär, dass wir sie heiß liebten und verehrten. Das Verhältnis zu unserem Vater regelte sich notdürftig durch die Feldpost. Er sandte jedem von uns regelmäßig einen persönlichen Brief, in dem er uns immer seiner Liebe versicherte. Aber aus unserem Familienleben in Hinterzarten schied er aus. Selten nutzte er einen Urlaub für einen Besuch bei uns. Das waren immer Festtage – aber eben außerordentliche Erlebnisse. Er interessierte sich für alles, was wir ihm erzählten, berichtete aber seinerseits von seiner Tätigkeit nahe der Front bei Leningrad nichts.

Für mich entstand in meiner Klasse ein Kommunikationsproblem, das sich von Schuljahr zu Schuljahr steigerte: Alle Klassenkameraden stammten aus Familien, in denen schroffe Antipathie gegen den Nationalsozialismus herrschte. Bald stellte sich heraus, dass ich als einziger Mitschüler Hitler verehrte und meinte, damit die Position meines Vaters vertreten zu müssen. Das tat ich ihm gehorsam und mutig gegen alle Mitschüler. Am Anfang (in der Quinta und Quarta) gab es oft Keilereien, die ich kräftemäßig meist bestand. Das stärkte mein Selbstbewusstsein, festigte aber auch meine Stellung in der Klasse als einziger „Nazi". Da unser Schulleiter dachte wie mein Vater und in den Schulversammlungen seine Verehrung für „den Führer" ebenso deutlich zu erkennen gab wie seine Ablehnung der Parteiideologie, vor allem deren Antisemitismus, fühlte ich mich durch ihn bestätigt. Zumal er das gleiche Urteil vertrat wie mein Vater. Daraus wurde im Lauf der Jahre aber ein bedrückendes Problem. Unsere Klassenlehrerin versuchte vergeblich, mich den anderen gegenüber mit dem Argument zu verteidigen, wir alle verträten nur die Meinung unserer Eltern, nicht unsere eigene. So sei ich als Verehrer Hitlers bloß der Mund meines Vaters. 1943 kam jedoch ein SS-Offizier zu uns und hielt einen flammenden Vortrag, der mit dem Aufruf schloss, uns zur Waffen-SS anzumelden. Da keiner aus meiner Klasse unterschrieb, tat ich es in der Meinung, meinem Vater damit zu gefallen und zugleich die Ehre meiner Schule zu retten. Danach gab es heftige Auseinandersetzungen in der Klasse. Ich vergaß aber das Vorkommnis schnell – was hatte ich als 15jähriger bereits mit dem Militär zu tun? Wie konnte ich ahnen, dass diese Anmeldung bereits ein Jahr später ernste Folgen haben würde?

5. Meine Kriegserfahrungen
(1944-1945)

Im Sommer 1944 hatte ich an einer „vormilitärischen Ausbildung" der Waffen-SS teilzunehmen, vier Wochen in Konstanz. Hier kam es in mir zum inneren Bruch mit der SS. Der Grund: Unsere große Abteilung marschierte uniformiert durch die ganze Stadt und schmetterte ein Marschlied, dessen Strophen jedes Mal mit dem Refrain endeten: „Ja, wenn das Judenblut vom Messer spritzt, hei, dann geht`s noch mal so gut!" Das weckte einen entschiedenen Widerwillen in mir, sodass ich jedes Mitsingen verweigerte.

Mein Grund dafür war nicht nur die Ablehnung dieser unmoralischen Abscheulichkeit, sondern es war auch mein persönlicher Protest gegen eine Beleidigung meiner selbst: In unserer Familie war nämlich inzwischen bekannt geworden, dass unsere Urmama eine Jüdin gewesen ist. Also richtete der Refrain sich auch direkt gegen mich persönlich! Bestätigt wurde das später dadurch, dass nach einem Gesetz des NS-Staats solche Verwandtschaften mit Juden eine Ausgrenzung aus der „arischen" Gesellschaft zur Folge hatten. Ein „jüdisch Versippter" durfte weder eine Schule besuchen noch an einer Universität studieren. Es kam heraus, dass längst die staatliche Anweisung an die Schulleitung vorlag, mich zu entlassen, was unser Direktor jedoch schlicht nicht zur Kenntnis nahm, sodass ich bis Anfang 1945 unangefochten Schüler bleiben konnte. Mein älterer Bruder dagegen wurde 1944 aus der Musikhochschule in Berlin ausgestoßen und musste in der Kreisstadt Neustadt Industriearbeit tun.

Nach diesem NS-Gesetz hätte ich mich natürlich nicht für die SS anmelden dürfen. Merkwürdigerweise wurde das aber übersehen. So erhielt ich im Januar 1945 eine Einberufung als auszubildender Soldat der Waffen-SS nach München. Unser evangelischer Pfarrer riet von der Fahrt dorthin ab und wollte mich in der Heereskaserne Konstanz mithilfe eines befreundeten Offiziers verstecken – das Ende des Krieges stand ja ohnehin bevor. So fuhr ich nach Konstanz statt nach München. Dem Rat einer Schulfreundin folgend, suchte ich in Konstanz ein Gasthaus auf, wo man ohne Lebensmittelmarken essen konnte. Da es dicht an der Grenze lag, kam bald die Passkontrolle, deren Beamten ich nur mein Einberufungsschreiben nach München vorweisen konnte. Daraufhin wurde ich sofort gefangen genommen und dem örtlichen Militärgericht vorgeführt. Zum Glück kam ich zu einem einsichtsvollen Offizier. Er drohte mir zwar an, eigentlich müsse er mich wegen Fahnenflucht zum Tode verurteilen. Angesichts meiner Jugend aber nahm er davon Abstand und setzte mich in den nächsten Zug nach München.

In München-Freimann lag die Kaserne, in der ich einen Platz in einem Mannschaftsraum bekam, mitten unter gleichaltrigen 16- bis 17-jährigen bayrischen Bauernjungen, die auf gleiche Weise der SS-Werbung in der Schule anheimgefallen waren wie ich. Unser Unteroffizier nahm sich unserer menschenfreundlich an und bemühte sich, uns über die SS zu unterrichten, von der wir wenig wussten. Doch als ein Stubengenosse bei einem Antritt auf dem Kasernenhof herausgerufen und als Christ, als der er sich bekannte, der Judenfreundschaft bezichtigt sowie ehrenrührig beschimpft wurde, habe ich unserem Unteroffizier unverschämte Unmenschlichkeit der SS vorgeworfen. Er aber suchte mich in persönlichen Gesprächen zu überzeugen, als SS-Mann müsse ich jeden Juden für rassisch minderwertig halten, der als für das Volksganze gefährlich auszumerzen sei. Daraus wurde eine ständige persönliche Debatte zwischen uns. Er war aber so anständig und belehrbegierig, dass er mich nicht anzeigte – wollte er doch einen ehrlich überzeugten SS-Angehörigen aus mir machen! Selbst als ich mich als Erbe einer Jüdin zu erkennen gab, erfolgte keine Denunziation!

Bald erhielten wir den Befehl, im nahe gelegenen Wäldchen eine Stellung auszubauen, um den Vormarsch einer amerikanischen Panzerbrigade zu stoppen – ein sinnloser Befehl! Ich sollte als „Melder" ein Loch vor der Front für mich ausgraben. Dabei hörte ich aus der Ferne das Heranbrummen der Panzer lauter und lauter. Ich bekam eine tiefe Angst, wie ich sie nie gekannt hatte. Spontan zog ich das kleine Westentaschen-Testament heraus, das mir eine Schulfreundin „zum Schutz" mitgegeben hatte. Gelesen hatte ich darin noch nie – nun aber schlug ich das Büchlein auf und las, nein, ich hörte eine Stimme, deren Eindringlichkeit ich bisher nie vernommen hatte: „In der Welt habt ihr Angst, aber seid getrost, ICH habe die Welt besiegt" (Joh 16,33). Ja, ich hatte Angst – und wie! Aber wer war dieser „Ich", der mich so vertrauenerweckend ansprach? Selbst meinen geliebten Vater hatte ich noch nie so zu Herzen gehend sprechen gehört. Ich las die Stelle nochmals und dann vielmals, während das Panzerbrummen immer lauter und gefährlicher herannahte. Schließlich waren sie da und überfuhren einfach mein Loch, in dem ich in eine Ecke gedrückt, aber nicht verletzt wurde. Ein paar Momente danach überfuhren sie die Stellung hinter mir. Dort schossen sie überall hin. Und als ich nachher dorthin zurückkroch, sah ich lauter tote Kameraden liegen. Ich hatte bis dahin noch nie einen toten Menschen gesehen! Der Anblick war fürchterlich grausam. Aber dass ich noch am Leben war, unverwundet-gesund, das erfuhr ich als Wunder, das ich diesem „Ich" zu verdanken hatte! Nun wusste ich: Das konnte nur Gott sein, dem mein Vater früher unser Haus verboten hatte. Von dem Augenblick an hatte ich eine persönliche Beziehung zu diesem völlig unbekannten Wesen. Ich wurde ein Christ! Nun las ich im Johannesevangelium, in dem mich überall dieser „Ich" ansprach. Und ich wusste: Das war Christus, Gottes eigener Sohn! Sehen konnte man von ihm nichts. Aber dass er als Person da war und lebendig mir zu Herzen sprach – das war ein Wunder ohnegleichen!

Die Panzer waren weiter gebraust in Richtung auf die City von München; Soldaten hatten sie keine zurückgelassen. So riet ich allen übriggebliebenen Kameraden, nach Hause zu fliehen. Die Bewohner des nächstgelegenen Dorfes waren so freundlich, nahmen mir meine Uniform ab und tauschten sie mit ihrer Bauernkleidung. Mit allen guten Wünschen schickten sie mich gen Westen auf den langen Heimweg in den Schwarzwald. Sie gaben mir eine Mistgabel mit, die kontrollierenden Feindsoldaten meine Aussage bestätigen sollte, ich käme von der Feldarbeit „dahinten" zurück. Diese List klappte hervorragend, solange es Amerikaner waren, die die Straßen kontrollierten. Die waren zumeist betrunken, besonders die Farbigen, und ließen mich lachend „nach Hause" gehen. Es wurde jedoch anders, als ich in die französisch besetzte Zone kam. Dort war man darauf aus, möglichst viele Gefangene zu machen, um nicht hinter den Amerikanern zurückzustehen. So musste ich von nun an die Straßen meiden und mich durch die Wälder schleichen. Die Mistgabel war unnötig geworden. Und meine Angst, von einem Franzosen festgenommen zu werden, stieg von Tag zu Tag an.

Das wichtigste Erlebnis dieses Fluchtweges war aber: Wenn ich abends die Glocken der Kirchtürme hörte, ging ich in die zugehörigen Pfarrhäuser und bat um Aufnahme für die Nacht. Überall fand ich zusammen mit gleichaltrigen Flüchtlingen überaus freundlichen Empfang. Wir bekamen zu essen und einen Platz zum Schlafen, ohne vorher verhört zu werden, ob wir Katholiken waren oder nicht. Die allabendlichen Marienandachten waren mir fremd, aber die Lieder klangen irgendwie heimatlich. Und in den Bibellesungen der Frühmessen hörte ich immer wieder die Stimme Christi, die mir Mut zusprach. So erlebte ich, dass in Kirchen Heimat zu finden ist und in Pfarrhäusern wunderbare Gastfreundschaft. Allmählich lernte ich als Neu-Christ, dass beides zur Kirche fest hinzugehört: die Stimme Christi in Bibel und Gottesdienst sowie die Gastfreundschaft in den Pfarrhäusern. Und wie selbstverständlich durfte ich an der Kommunion teilnehmen, die von nun an für mich zur Mitte des Christseins gehörte. Hier war nun mein christliches Zuhause; und dass es inmitten der dauernd höchstgefährlichen Welt, durch die ich hindurch musste, ein solch bergendes Zuhause gab, das erlebte ich Tag für Tag neu.

Diese Erfahrung blieb überall im französischen Besatzungsgebiet. In jedem Dorf, wo die Abendglocke läutete, fand ich gastfreundschaftliche Aufnahme im Pfarrhaus. An der Frühmesse nahmen auch französische Soldaten teil, die nicht daran dachten, uns als Mitkommunikanten nach unserem Ausweis zu fragen, um uns nach Ende des Gottesdienstes gefangen zu nehmen. Die Eucharistie ist eine Sache der katholischen Kirche, hier gibt es keine Grenze zwischen Freund und Feind!

Dennoch wurde der Charakter jeder Ortschaft immer mehr zum Ort französischer Militärpräsenz und für einen Flüchtling wie mich immer gefährlicher. An der Westseite des Bodensees nahm mich schließlich der Pfarrer mit zur Besatzungskommandantur. Er wollte der Erste sein, dem dort ein „Laissez-Passer" für den Bereich seiner Pfarrei ausgehändigt wurde. Mich stellte er als seinen Diakon vor, für den er das gleiche Schutzpapier forderte. Als Priester erreichte er vom katholischen Kommandanten, was er wollte. So hatte ich von nun an einen Ausweis als „Ulrich Wilckens aus Hinterzarten". Dass dieser Ort nicht im Bereich dieser Pfarrei gelegen war, blieb unbemerkt, sowohl in der Kommandantur als auch bei den Kontrollen auf den Straßen, sodass ich alle Straßen freimütig benutzen konnte und eines Tages unangefochten nach Hause kam, wo ich mit glückseliger Freude begrüßt wurde – zumal vom Ergehen meines Vaters seit Langem nichts bekannt war. Erst Monate später erfuhren wir durch einen Brief aus Hamburg, den ein Lkw-Fahrer im Hotel an der großen Landstraße für meine Mutter abgab, dass er noch in der letzten Kriegswoche bei Berlin den Tod gefunden hatte. Nach meiner Berechnung ist es möglich, dass sein Todestag derselbe Tag gewesen ist, an dem ich wunderbar vom Tod errettet wurde!

Eigentlich hätte es nach meiner Rückkehr nahe gelegen, als Christ, der ich geworden war und als der ich während meines Heimwegs die Kirche in allen Dörfern als katholische erlebt hatte, nun zu Hause katholisch zu werden, zumal kurz vorher mein älterer Bruder konvertiert war. Dass ich es nicht tat, lag an dem Eindruck, den der neue evangelische Pfarrer auf mich machte. Kurz gesagt: Er war im Verständnis und in der Gestaltung des Gottesdienstes so katholisch, wie ich es in den katholischen Gemeinden und Pfarrhäusern erlebt hatte. Er predigte geradezu stürmisch, und vor allem: Die Eucharistie war der Höhepunkt auch des evangelischen Gottesdienstes. Er bewegte mich zu dem Vorsatz, in seinem Sinn evangelischer Pfarrer zu werden, sodass ich mich zum Studium evangelischer Theologie entschloss.

6. Das Leben unserer Familie in der Nachkriegszeit

Der Tod meines Vaters hatte in den ersten beiden Nachkriegsjahren zur Folge, dass alle finanzielle Unterstützung des Staates für unsere Familie abgebrochen wurde, sodass meine Mutter plötzlich keinerlei Einkommen mehr hatte. Die Gemeinde Hinterzarten konnte und wollte uns finanziell nicht helfen.

Da wandte sich meine Mutter an die Schule Birklehof, die ihr eine Stelle als Verstärkung des Sekretariats gab. Darüber war sie natürlich froh und ging nun ganztägig zu ihrer Arbeit. Das bedeutete für uns Kinder, dass die Versorgung des Haushalts unsere Sache wurde. Gleich stellte sich heraus, dass ich das Kochen mit den notwendigen Einkäufen übernahm und mein jüngerer Bruder Uwe den Hausputz. Mein älterer Bruder Hans konnte sich weder am einen noch am anderen beteiligen. Er war für alle schriftlich-amtlichen Arbeiten zuständig. Wir konnten die Hausarbeit so einrichten, dass sie unsere Teilnahme am Schulunterricht nicht behinderte.

Je älter wir wurden, desto mehr bewunderten wir unsere Mutter, wie mutig sie sich den anfänglichen Katastrophen gestellt und wie selbstverständlich sie sich in ihre Tätigkeit im Schulsekretariat eingearbeitet hatte.

Weitere Hilfe kam vom Pfarrer. Er lud uns ein, in zwei Zimmer im Dachgeschoss seines Pfarrhauses einzuziehen und dort kostenfrei zu leben.

Die Jahre in Hinterzarten wurden zu Hause zusehends von Musik erfüllt. Wir drei Brüder spielten ganze Sonntag-Nachmittage Trio. Die Noten durften wir von der freundlichen Frau Professor Picht-Axenfeld ausleihen. So waren es die Haydn-Trios, bei denen wir das Zusammenspiel zuerst übten. Es folgten Mozart, Beethoven und schließlich sogar Brahms. Von diesen Trio-Klängen (von meiner Seite leider ab und an auch Missklängen) wurde das Pfarrhaus, in dem wir wohnten, immer wieder erfüllt. Da mein jüngerer Bruder konzertreif Cello spielte, war er rasch im Brüderkreis anerkannt. Wir bewunderten ihn auch als Kunstmaler. Denn nachdem ihn im Birklehof eine Ausstellung französischer Impressionisten fasziniert hatte, fing er an, Bilder dieser Richtung zu kopieren. So lernte er im Eigenstudium auch diese Kunst und ist später ein großartiger Künstler geworden. In Hamburg-Bergedorf stellte er seine Bilder aus und hatte großen Erfolg. Er studierte nach seinem Abitur Jura und brachte es bis zum Richter am Oberlandesgericht, von wo aus man ihn sogar zum Karlsruher Bundesgerichtshof berufen wollte, was er aber ablehnte, um seine Kunstbeziehungen in Hamburg nicht abzubrechen. Dort hatte er nämlich ein Orchester gegründet, dessen Konzerte einen guten Ruf bekamen.

Während er so schon vom Studium an seine eigene Welt errichtete, waren wir beiden älteren Brüder trotz konfessioneller Unterschiede einander sehr nahe. Er studierte katholische Theologie in Freiburg, ich evangelische in Heidelberg und (nur zwei Semester) in Tübingen. In den Semesterferien hatten wir einander viel zu erzählen. So entstand eine Brüderökumene, die später auch im Beruf erhalten blieb. Unsere Ordination feierten wir im selben Jahr, so weitete sich die Ökumene auf ganz Hinterzarten aus. Die Primiz – so heißt die erste Messfeier eines Frischgeweihten in der katholischen Kirche – war ein Fest des ganzen Ortes. Meine feierliche Ordination wurde bald darauf ebenso in ganz Hinterzarten bekannt. Sogar die Bauern erbrachten unserer Familie besondere Ehrung – ein Beispiel: Meine Mutter kaufte regelmäßig in einem nahe gelegenen Hof ein: Kartoffeln, Früchte, Eier und manchmal Hühner zum Braten. Nach der Primiz meines Bruders sagte die Bäuerin zu ihr: „Eigentlich koschte die Eier 20 Pfennig das Stück. Aber weil Sie der Theolog han, berechne ich Ihnen nur 19." Schmunzelnd bedankte sich meine Mutter.

Als Vikare waren mein Bruder und ich später für kurze Zeit im Kirchendienst in Hinterzarten nebeneinander tätig. Während er seinen Dienst nur im Bereich seiner Hinterzartener Gemeinde ausübte, musste ich als Vikar in der evangelischen Diaspora Tag für Tag mit meinem Motorrad durch weite Bereiche der Umgebung fahren, um meinen Dienst wahrzunehmen. Zum Pastorat der evangelischen Gemeinde gehörten vielerlei Diasporaorte: der Feldberg, die Kurorte Titisee und Falkau-Altglashütten. Dort war sonntags überall wie im Hauptort Hinterzarten Gottesdienst, sodass ich immer zwei- bis dreimal tätig war. Unser neuer evangelischer Pfarrer Fischer war mein Ausbilder; ich konnte viel von ihm lernen. Zum Beispiel ließ er mich in den Nebenorten ohne Konzept predigen. Die Diaspora – sagte er – biete die beste Gelegenheit, frei predigen zu lernen. Außerdem war in den Schulen der Nebenorte Religionsunterricht zu halten sowie Flüchtlingsfamilien Nahrung und Kleidung zu überbringen. So war der Vikariatsdienst anstrengend, aber auch glücklich: Überall war ich als Vikar willkommen und anerkannt.

Mein Bruder bekam allerdings bald eine Vikariatsstelle anderswo, während ich nach meiner Ordination noch ein halbes Jahr ohne seine Nähe als Vikar in Hinterzarten blieb, bevor ich – statt Pfarrer in einer eigenen Gemeinde zu werden – zu meiner Überraschung als Wissenschaftlicher Assistent nach Heidelberg berufen wurde, wo ich promovieren und kurz danach mich habilitieren konnte.

Meine Frau war es, der ich diese Stelle in Heidelberg verdankte. Sie war als baltische Hausfrau von einem baltischen Professor den dortigen Kollegen empfohlen worden. Diese Assistentenstelle war verbunden mit der Leitung des neugebauten ökumenischen Studentenwohnheims, dessen ausländische Bewohner von meiner Frau bestens beraten und versorgt wurden. Das gemeinsame Sonntagsessen jede Woche kochte sie vorzüglich. Und da sie auch fließend Englisch sprach, wurde sie bald zur Heimmutter für viele unserer Ausländer.

Meine Frau und ich hatten uns während des Studiums in Tübingen kennen und bald lieben gelernt. Nachdem sie später dort ihr Fakultätsexamen bestanden hatte, kam sie zu mir nach Hinterzarten, wo wir am 1.1.55 heirateten. „Pünktlich" danach kam im November unsere älteste Tochter Claudia zur Welt. Diese wurde in Heidelberg von allen studentischen Bewohnern des Ökumenikums sehr geliebt. Im Alter von drei Jahren hat sie sich nach dem Vorbild ihrer Mutter nicht nur am Putzen beteiligt, sondern sie besuchte auch die Hausbewohner in ihren Zimmern. In Heidelberg wurde dann unsere zweite Tochter Angela geboren; auch sie fand als Wickelkind im Haus viel Interesse und Wohlwollen. Unsere dritte Tochter Regine wurde später in Marburg geboren.

7. Das akademische Leben in Heidelberg & Marburg (1956-1960)

Professor Schlink, bei dem ich angestellt war, vertraute mir die ökumenischen Proseminare an, obwohl mein eigenes Fach das Neue Testament und mein Fachlehrer Professor Günther Bornkamm war. Doch beide hatten ein gutes persönliches Verhältnis zueinander, obwohl sie theologisch gegensätzlichen „Schulen" angehörten: Schlink war konservativ-luthe-risch, Bornkamm ein herausragender Schüler des Hauptes liberaler Theologie, Rudolf Bultmann. So konnte ich problemlos einerseits meine Assistentenstelle bei Prof. Schlink wahrnehmen und andererseits meine Doktorarbeit und Habilitation im exegetischen Fach „Neues Testament" bei Prof. Bornkamm erarbeiten. Meine Promotion war eine Untersu-chung der tiefsinnigen Aussagen des Apostels Paulus über „Weisheit und Torheit" in den beiden ersten Kapiteln des 1. Korintherbriefs, die ich unter dem mich faszinierenden Eindruck des Philosophen Martin Hei-degger verfasste und mit einer philosophie-historischen Studie zum Wesen der Stoa abschloss. Sie wurde als Buch unter dem Titel „Weisheit und Torheit" veröffentlicht (1955) und eine Zeitlang viel diskutiert. Meine Habilitationsschrift ist dagegen philosophiefrei. Sie behandelt die Apos-telreden in der Apostelgeschichte des Lukas und ist drei Jahre später pu-bliziert worden (1958). Ich habe mein ganzes akademisches Leben meine exegetische Arbeit am Neuen Testament immer engstens mit der syste-matisch-theologischen Nachbardisziplin verbunden. Und ökumenisch war ich, wie gesagt, durch den Kontakt zu meinem Bruder gut vorberei-tet; denn dessen Hauptinteresse waren Philosophie und Dogmatik.

In Heidelberg traf sich wöchentlich eine Gruppe studentischer Freunde unter der Leitung von Wolfhart Pannenberg. Jeder von uns vertrat ein anderes Hauptfach, sodass die ganze theologische Wissenschaft in un-serem Kreis vertreten war. Mit brennendem Interesse arbeiteten wir alle beim gemeinsamen Versuch zusammen, den Gesamtbereich der Theo-logie und ihrer angrenzenden Fächer zu einer neuen Einheit zusammen-zusehen. Weil wir weder mit der liberalen Position Ernst Troeltschs einverstanden waren, der den christlichen Glauben auf eine je verschie-dene Religiosität jedes Einzelnen reduzierte, noch mit der schroff anti-liberalen Karl Barths und Rudolf Bultmanns, die das Christentum auf das Widerfahrnis des Wortes Gottes in der Verkündigung („Kerygma") kon-zentrierten, veröffentlichten wir 1963 das Heft „Offenbarung als Ge-schichte", das sofort bekannt und von vielen Kollegen – besonders aus der Schule Bultmanns – heftig bestritten wurde. Es ging uns darum, die verschiedenen Entwürfe einer Verengung der Theologie auf eine anthropologische Basis ebenso entschieden zu bestreiten wie umgekehrt deren pauschale Ablehnung in einer rein theozentrischen Sicht abzulehnen und eine neue Gesamtkonzeption zur Diskussion zu stellen, in der Gottes Selbstoffenbarung in seinem Geschichtshandeln eine eigene Wirklichkeit zukommt, die sich in allen Wirklichkeitsbereichen menschlicher Geschichte immer neu auswirkt. Dazu hat uns unser alttestamentlicher Lehrer Gerhard von Rad inspiriert. Selbstverständlich hat diese Konzeption „heilsgeschichtlicher" Theologie nichts zu tun mit der rassistischen Schöpfungs- und Geschichtsspekulation aus nationalsozialistischer Quelle, wie uns vorgeworfen worden ist. Leider hat sich unser Arbeitskreis bald in verschiedene Schwerpunkte und Zielrichtungen aufgelöst, sodass nur Pannenbergs und meine Arbeit eine gemeinsame Grundlage behalten haben.

Von den Heidelberger Lehrern habe ich außer von Gerhard v. Rad neutestamentlich-exegetisch am meisten von Günther Bornkamm und kirchengeschichtlich von Hans v. Campenhausen sowie dogmatisch von Peter Brunner und Edmund Schlink gelernt. Was wir an der Fakultät bewunderten, war der gemeinsame Wille, mit möglichst vielen Kollegen anderer Fakultäten einen regulären allgemein-wissenschaftlichen Austausch zu pflegen und so der Theologie die Rolle des Zentrums institutioneller Kooperation der Universität zukommen zu lassen. An anderen Orten habe ich solche Intention zu universitärer Gemeinsamkeit wissenschaftlichen Dialogs nicht gefunden.

Das erlebte ich bald in Marburg, wo mir mein Heidelberger Lehrer Günther Bornkamm durch Fürsprache seines Lehrers Rudolf Bultmann die Berufung auf eine neu geschaffene neutestamentliche Dozentur verschafft hatte. Die verschiedenen Kollegen dort erlebte ich als Einzelpersonen, die mich als neuen jungen Kollegen freundlich begrüßten, untereinander aber kaum Kontakt hatten. Rudolf Bultmann lobte zwar meine Antrittsvorlesung, unterzog mich dann aber bei meinem persönlichen Antrittsbesuch einem freundlichen, jedoch schulmeisterlichen Verhör. Eine theologische Gemeinsamkeit oder gar freundschaftliche Beziehung wurde daraus leider nicht. Er merkte, wie ich an der Position von „Offenbarung als Geschichte" festhielt, die er schroff ablehnte. Gleiches gilt vom Verhältnis zu den meisten anderen Kollegen.

Was wir als Familie in Marburg genossen, war die eigene Wohnung. In Heidelberg waren wir in unserer Wohnung im Heim nie allein, immer waren irgendwelche Hausbewohner bei uns gewesen. Jetzt hatten wir zwar nette Nachbarn, mit deren Kindern unsere gern spielten. Aber meine Frau und ich hatten endlich ein eigenes Reich für uns.

8. Das Leben als Professor in Berlin
(1960-1968)

Mit den Studenten, die in Marburg in Scharen meine Vorlesungen hörten, bekam ich wenig Kontakt. Dazu war meine Marburger Zeit zu begrenzt. Nach zwei Jahren schon bekam ich einen Ruf auf das Ordinariat für Neues Testament an der „Kirchlichen Hochschule" in Berlin-West. Diese war in den 30er-Jahren als Institution der Bekennenden Kirche gegründet worden. Die meisten Gründungsväter waren noch im Dienst. Aber der Wechsel zu einer neuen Phase mit einer jüngeren Kollegengeneration war in vollem Gang. Die alten Autoritäten ließen uns drei Jüngere (darunter Rolf Rendtorf) jedoch deutlich spüren, dass wir zu ihrem Kreis – das heißt zum Zentrum der alten Hochschule der „Bekennenden Kirche" – nicht dazugehörten.

Bei der politischen Trennung von Berlin-Ost und Berlin-West war der Übergang vom Westen in den Osten der Stadt für Westberliner Bürger gesperrt worden. Da ich aber meinen westdeutschen Reisepass behalten hatte, mit dem man wie ein normaler Besucher die Sektorengrenze überschreiten konnte, war ich für das Kollegium der Hochschule eine wichtige Verbindung zu ihrem Ostteil in der Borsigstraße – neben Heinrich Vogel, der seinen ordentlichen Lehrstuhl an der Humboldt-Universität weiter wahrnehmen konnte und, in deren Lehrkörper integriert, freien Zutritt nach Ost-Berlin hatte. Ich machte zweimal pro Woche in der Borsigstraße einen „Besuch", den ich offiziell eigentlich für Lehrveranstaltungen nicht nutzen durfte. Aber dies wurde staatlicherseits nicht bemerkt. So war der

Unterricht im Neuen Testament dort durch mich gesichert. In der Borsigstraße „drüben" war man darüber froh. So konnten zwei dortige Kollegen promoviert (Christoph Demke) und sogar habilitiert (Eberhard Jüngel) werden. Die Spitzel unter den Studenten dort, die es natürlich gab, haben darin nur Prüfungen gesehen, die es auch sonst am Ende von Vorlesungen und Seminaren gab. Und der Festakt der Habilitation wurde in lateinischer Sprache gehalten, die die Spitzel – so nahmen wir an – nicht verstanden, noch weniger etwa kontrollierende Polizisten. So konnten wir einen „Hoheitsakt" in der „Hauptstadt der DDR" vollziehen, der vom Westteil der Hochschule ausging – nach dem Gesetz der DDR ein Unrechtsakt, der streng verboten war, aber als solcher nicht bemerkt wurde und so keine bösen Folgen für die Hochschule in der Borsigstraße hatte. Unsere Freude darüber, dass dies gelungen war, blieb geheim.

In Berlin genossen meine Frau und ich den dortigen Kunstreichtum. Wir hörten jedes Konzert der Philharmoniker unter Herbert von Karajan und nahmen an nahezu allen Veranstaltungen von Theater und Oper teil.

In West-Berlin gab es in den 60er-Jahren aber eine sozialrevolutionäre Bewegung unter den Studenten, die sich öffentlich vor allem gegen die Elterngeneration richtete, die fast alle „Nazis" gewesen seien, es jedoch nach 1945 bestritten und deswegen bekämpft werden mussten. Der Protest wurde bald gewalttätig, zunächst nur im Geschrei randalierender Massen auf den Straßen, und im Universitätsbereich durch Stören („Umfunktionieren") von Lehrveranstaltungen. Seit der Tötung des Studenten Ohnesorg wurden diese Demonstrationen rasch radikalisiert zu öffentlichen Protest-Aktionen gewaltsamer Art.

Als ich 1960 nach Berlin kam, bat mich ein juristischer Kollege, als Vertrauensdozent der Studienstiftung des Deutschen Volkes seine Studentengruppe zu übernehmen, deren Verhalten er bereits damals als unerträglich erlebte. Meine Frau und ich kamen dieser Bitte gern nach und luden die Gruppe alle zwei Wochen zu einem Abend in unsere Wohnung in Zehlendorf ein. Wir dachten, auf diese Weise unsere Heidelberger Tradition wieder aufzunehmen. Aber es kam anders. In unserer Gruppe waren einige Führer der „Studentenrevolution", die uns in heftigen Streitgesprächen als politische Gegner mit Sätzen von Marx und Lenin angriffen. Weder den einen noch den anderen hatte ich gelesen – das tat man zur Zeit meines Studiums nicht. So musste ich in aller Eile „nachlernen", um meinen studentischen Antipoden nicht unterlegen zu sein.

Das Ganze gestaltete sich so, dass die politischen Streitgespräche bis Mitternacht begrenzt waren. Da brachte meine Frau eine wohlschmeckende Suppe, danach sprach man persönlich miteinander; dabei kam ein ganz anderer Ton auf. Wir beide waren bewegt vom resignativ-traurigen Klima, das jetzt unter unseren Gästen aufkam. Viele von ihnen waren unglücklich, in falscher Zeit und einer falschen Weltgegend geboren zu sein. Manche wollten nach dem Studium nach Kuba ausreisen, um dort an der richtig revolutionären Aktivität und so nicht mehr nur durch Worte, sondern real an der Durchsetzung des Kommunismus zur Humanisierung der Welt aktiv teilzunehmen. Diese Traurigkeit und die vorangehende Aggressivität standen in Widerspruch zueinander, gehörten aber offenbar irgendwie zusammen und ließen uns unsere Gäste trotz aller Gegensätzlichkeit der Standpunkte nahezu zu Freunden werden.

1968 flogen jedoch die ersten Steine in die US-Botschaft und ins Springer-Verlagshaus. So folgte ich gern einem Ruf nach Hamburg – weg aus diesem der Gewalt verfallenen Berlin! Die Gewalt war für mich das Anzeichen der Unfähigkeit, gemeinsam mit Argumenten um die Wahrheit zu ringen. Sie wollten keinen Frieden, sondern nur noch Gewalt als Mittel zur Durchsetzung der eigenen Meinung in der politischen Öffentlichkeit.

In Hamburg gewann ich immer mehr den Eindruck, dass es den hiesigen Studenten im Grunde nicht primär um Politik ging. Der entscheidende Anstoß der dortigen Bewegung war lediglich ein Durchbruch zu jedweder individuellen Freiheit im sexuellen Verhalten sowie überhaupt im Verhältnis zwischen Älteren und Jüngeren. Oft wurden hier Vorlesungen durch Schmähreden sowie ihnen zustimmendes Buh-Geschrei bewusst gestört und in den Seminaren das biblisch-theologische Thema durch aggressive Einreden weggeredet. Soweit es möglich war, suchte ich durch meine Antworten argumentativ zu überzeugen. Doch wollte man oft darauf nicht ernsthaft antworten. Nach den Seminaren ging ich deshalb mit vielen in eine Kneipe, um weiter zu diskutieren. Aber auch so entstand keine Atmosphäre einer Vertrautheit, die für die Lehrveranstaltungen hilfreich geworden wäre. – Es gab andererseits eine Gegenströmung konservativer Studenten, mich wegen meiner Kontakte zu den radikalen „Kommunisten" als neoliberalen Theologen misszuverstehen. Solche gab es im Kreis meiner jüngeren Kollegen tatsächlich mehr und mehr. Diese lehnten ihrerseits meine theologische Position als allzu konservativ ab. So blieb ich unter den jüngeren Kollegen einerseits und der Mehrzahl der Studenten andererseits ziemlich allein. Deswegen konnte ich mich in Hamburg nicht akademisch wohlfühlen.

Auch im Familienleben gab es unangenehme Probleme für meine Frau und mich. Unsere älteste Tochter lebte ihre Pubertät aus, wie sie es gerade wollte. Sie wähnte sich erwachsen, wenn sie sich zum Beispiel nachts in besonderen Gruppen aufhielt und zur vereinbarten Zeit nicht nach Hause zurückkehrte. Einmal wurde sie von einem Polizeibeamten gegen Mitternacht nach Hause gebracht, der meinte, uns zu unserer Erziehungspflicht ermahnen zu müssen. Wie peinlich war das! Denn der Beamte hatte recht. Nur wussten wir nicht, wie wir bei unserer selbstbewussten Tochter soviel Autorität behalten oder wieder bekommen könnten, dass ihr unser Wille überhaupt noch etwas bedeutete. Je länger desto mehr zeigte sie uns durch ihr Verhalten, dass wir die Fähigkeit verloren hatten, durch Gespräche auf sie einzuwirken. Es dauerte etwa zwei Jahre, bis sie wirkliche Freiheit gewann, selbstständig die verantwortliche Person zu werden, die sie heute ist. Aber im Austausch mit Freunden stellten wir fest, dass es auch ihnen bei der Erziehung ihrer pubertierenden Kinder nicht anders erging als uns. Zum Glück war unsere zweite Tochter charakterlich so völlig anders veranlagt, dass sich bei ihr diese Erziehungsprobleme nicht wiederholten.

Ich freue mich, dass heute in allen drei Enkelfamilien das Verhältnis von Eltern und Kindern offensichtlich unproblematisch gelingt.

Meine Frau hat in Hamburg eine hervorragende Ausbildung als Therapeutin für geistig behinderte Kinder gefunden. Sie war glücklich, dass sie hernach in der Lübecker Anstalt „Vorwerk" – heute „Vorwerker Diakonie", eine Einrichtung, die behinderte Menschen auf ihrem Lebensweg begleitet – ihre beiden Berufe als Pastorin und Therapeutin gut miteinander verbinden konnte. Rasch wuchs sie in eine leitende Stellung in der Anstalt sowie in deren Schule für die Ausbildung neuer junger Mitarbeiterinnen hinein, die sie zusammen mit einer Freundin leitete. Da sie in Tübingen nur das Erste Theologische Examen bestanden hatte, fehlte ihr das Zweite Examen. Daher konnte sie, als die Zeit als Familienmutter vorüber war und sie sich hätte als Vikarin ausbilden lassen können, ihren Wunsch, vollauf Pastorin zu werden, zunächst nicht verwirklichen. So wurde sie vonseiten der Landeskirche nur zu pastoraler Tätigkeit „beauftragt", aber nicht ordiniert. Wie sie dann doch noch die Anerkennung als Pastorin erlangt hat, berichte ich gleich.

9. Bischof und Pastorin in der Nordelbischen Kirche (1980-1989)

In diese Situation hinein fuhr wie ein überraschender Blitz die Anfrage des Hamburger Bischofs, ob ich bereit sei, an der Wahl des neuen Bischofs für den Sprengel Holstein-Lübeck in der Synode der Nordelbischen Kirche teilzunehmen. Zuvor hatte Bischof Wölber mich immer nur zu sich gerufen, um sich über unsere Studenten bei bestimmten Anlässen zu beschweren, als wäre ich für deren Tun verantwortlich. So war seine jetzige Anfrage ganz neu. Ich hatte nur ein Wochenende Zeit für die Antwort. So fühlten meine Frau und ich uns in der Diskussion darüber sehr bedrängt.

Einen Ruf nach Heidelberg hatte ich gerade abgelehnt, weil ich nicht in die kollegialen Spannungen dort hineingeraten wollte. Meine Frau hatte von diesem Ruf aber dadurch profitiert, dass der Karlsruher Landesbischof sich bereit zeigte, sie ohne Zweites Examen zu ordinieren, wenn ich den Ruf angenommen hätte. Um mich in Hamburg zu halten, hatte Bischof Wölber dann die gleiche Bereitschaft zugesagt. Als Frau des Bischofs würde ihre Position als Pastorin in der Kirche gewiss stärker werden.

Aber sollte ich wirklich meinen Beruf wechseln? Da ich als Professor in Hamburg nicht sehr glücklich war, entschlossen wir uns zur Zusage. Unter den drei Kandidaten zur Bischofswahl schien mir die Chance, von der Synode als Außenseiter gewählt zu werden, ohnehin nicht groß. Dass ich dann jedoch gewählt wurde, war für mich eine völlige Überraschung.

Meine Hamburger Fakultätskollegen verstanden meine Entscheidung gar nicht. Das wurde bei der Abschiedsfeier mehrfach deutlich. Andererseits war ich für die Mitglieder der Kirchenleitung ein Neuling. Besonders für die Vikarsausbilder war dieser neue Bischof als gewesener Theologieprofessor nicht gerade sympathisch. Würde er allzu sehr in die Ausbildung hineinregieren und diese mit einem Theologischen Seminar verwechseln? Und wie stand es mit meinem Wissen von der pfarramtlichen Praxis, für die doch die Vikare ausgebildet werden sollen? Ich gestehe, dass ich selbst unsicher war. Wo mir die Sache der Theologie in den Kursen mit den Vikaren in der Tat allzu „dünn" schien, weil durch allzu liberale Einstellungen der Ausbilder geprägt, schwieg ich, statt diese in offenem Dialog mit den Ausbildern zu korrigieren. Das werfe ich mir heute im Rückblick vor. Und dass ich von der pastoralen Praxis wie überhaupt vom Binnenleben der Kirche keine ausreichenden Kenntnisse hatte, musste ich mir eingestehen. Was dies angeht, half mir mein Referent Günther Harig in umsichtiger Weise, mich rasch zurechtzufinden. Obwohl er selbst theologisch liberal dachte, konnte ich mich auf ihn fest verlassen, wenn er in den Gemeinden an meiner Stelle sprach, vor allem bei den Grußworten vor den Synodentagungen der Kirchenkreise. Mit seinem Nachfolger Dr. Hansgünter Ludewig allerdings konnte ich intensiver zusammenarbeiten, weil wir geistlich-theologisch völlig übereinstimmten. So habe ich zum Beispiel auf seinen Rat und mit seiner Hilfe alle Kirchenvorstände gebeten, ihre Sitzungen mit einem Bibelgespräch zu beginnen. Zu meinem Erstaunen haben viele dieser Gremien die Bitte erfüllt und erfahren, wie förderlich für alle folgenden Tagesordnungspunkte ein solch geistlicher Beginn sein kann. Erwähnen muss ich auch den Referenten der Kirchenleitung, der mir in dieser Zeit meines Vorsitzes umsichtig geholfen hat: Pastor Jürgen Heering.

Eine noch wichtigere – nämlich geistliche – Hilfe bekam ich in den regelmäßigen persönlichen Aussprachen mit einem befreundeten Propst über meine eigenen Verfehlungen in der Amts- und Lebenspraxis. Am Schluss jedes Beichtgespräches sprach er mir Gottes Absolution zu. Wir haben diese Begegnungen gleich in meiner Anfangszeit begonnen, in der ich manchen Fehler gemacht habe. Und wir behielten die seelsorgerlichen Aussprachen als Tradition bei. Hier lernte ich zum ersten Mal in meinem Leben, wie tief wirksam die innere Befreiung sein kann, die man in einer Beichte erfährt, und wie wichtig dies gerade im Zusammenhang eines bischöflichen Leitungsamtes ist. Jedes Mal fuhr ich mit fröhlichem Singen von Chorälen in meinem Auto nach Hause.

Bei den Pröpstekonventen waren immer die Ehefrauen mit dabei, die teilweise ihre Erfahrungen zu unseren hinzufügten, wodurch unser Bild des kirchlichen Lebens in den Kirchenkreisen wesentlich farbiger wurde. Von einer Entkirchlungsentwicklung war damals nur hier und da etwas zu sehen. Im Gegenteil, die Teilnahme am Gottesdienst nahm in den 80er-Jahren in manchen Gemeinden sogar deutlich zu; und dass die meisten evangelikalen Sondergruppen sich nicht selten in das Leben der Kirchengemeinden fest einfügten, ließ dieses lebendiger werden, und die übliche Selbstisolation der „Evangelikalen" hielt sich in Grenzen.

Durch die Anwesenheit unserer Ehefrauen verlor der Gesamtkreis der Pröpste seine „Amtlichkeit" und nahm den Charakter einer persönlichen Gemeinschaft zu gegenseitiger Hilfe an. Gesteigert wurde dies dadurch, dass wir jedes Jahr eine gemeinsame einwöchentliche Reise machten. Vor allem in Israel waren wir dreimal. In Jerusalem und besonders in Tabghar am galiläischen See entstand eine lebendige Beziehung zu den Mönchen der Dormitio-Abtei. Auch in Rom waren wir zweimal und zum Schluss zu einem intensiven Besuch Irlands, wo meine Frau mit den dortigen Benediktinerinnen eine geistlich lebendige Gemeinschaft hatte.

10. Visitator der Kommunitäten

Besonderes Gewicht bekam die Nähe zu den Kommunitäten, den geistlichen Gemeinschaften, für die ich durch den Leitungs-„Rat der EKD" als Visitator (Vermittler und Helfer) berufen worden war. Meine Frau und ich besuchten sie alle möglichst regelmäßig; und da es sich zumeist um Frauengemeinschaften handelt, war die Gegenwart meiner Frau hilfreich. Manche Kommunitätsmitglieder haben auch an den geistlichen Reisen teilgenommen, die meine Frau jedes halbe Jahr mit immer großen Gruppen interessierter Gemeindeglieder vor allem nach Israel und zu den Palästinensern veranstaltet hat.

In manchen Gesprächen bei diesen Besuchen konnten wir zur Lösung innerkommunitärer Probleme beitragen. In Selbitz fand einmal im Jahr ein „Treffen der Verantwortlichen" statt, das einmal einen wunderbar ökumenischen Charakter bekommen hatte. Chiara Lubich, die die Gemeinschaft der „Fokolare" in Rom leitete, und ich waren zu einem Vortrag eingeladen, wodurch eine katholisch-evangelische Gemeinschaft angeregt und gefördert werden sollte. Und siehe da: In einer besonderen Zusammenkunft begannen Anwesende spontan, um Vergebung aller interkonfessioneller Sünden in Gegenwart und Vergangenheit zu beten, Katholiken ebenso wie Evangelische. Mit jedem dieser Gebete wurde die Atmosphäre unter uns ökumenisch dichter.

Große Bedeutung für das Zusammenwachsen der West- und Ostteile der Nordkirche hat nach meinem Urteil auch die Übereinkunft vieler (z.Zt. ca. 100) Pastorinnen und Pastoren, an jedem Donnerstag namentlich füreinander zu beten. Ein solches „Gebetsnetz" ist jetzt besonders wichtig, um in dieser stark vergrößerten Kirche eine geistliche Gemeinschaft der vielen, die einander persönlich nicht kennen, geschenkt zu bekommen. Jeder Einzelne kann am Donnerstag wissen: „Heute beten sie alle auch für dich!"

11. Ökumenische Aktivitäten

Ein besonderes Amt wurde mir von der Leitung der „Vereinigten Lutherischen Kirche in Deutschland" anvertraut: die Wahrnehmung aller ökumenischen Beziehungen zu den anderen evangelischen und vor allem auch katholischen Kirchen in den verschiedenen Organisationen, die einer Konkretisierung und Verstärkung der geistlichen Gemeinschaft miteinander dienen. Während der 80er-Jahre meines Dienstes ist es zur Vermehrung und Verstärkung der regelmäßigen Zusammenkünfte dieser Besprechungsgruppen gekommen. Leider liegt die Realisierung der „una sancta catholicala apostolica ecclesia" („der einen, weltweiten und sich auf das apostolische Evangelium gründenden Kirche") gegenwärtig noch fern. Doch sind immerhin einige zentrale theologische Streitpunkte von früher durch energische Zusammenarbeit – vor allem im „Arbeitskreis evangelischer und katholischer Kirchen" (ÖAK) – überwunden worden: aus evangelischer Sicht die Einigung in der „Rechtfertigkeitslehre", aus katholischer der Abbau von Trennungen in der Auffassung der kirchlichen Ämter einschließlich des „Petrusamtes" des Papstes.

Besondere Bedeutung bekam meine Mitarbeit in den Gremien ökumenisch-theologischer Arbeit durch die Einladung Joseph Kardinal Ratzingers, dem damaligen römischen Präfekten der Kongregation für die Glaubenslehre und späteren Papst Benedikt XVI., zur Teilnahme am jährlichen Treffen mit seinen Schülern im August 1987 in Castelgandolfo. Dort sollte ich einen ausführlichen Vortrag halten über meine Beurteilung des gegenwärtigen Standes der ökumenischen Annäherung und meine Vision ihrer Zukunft. Dabei lernte ich Benedikt in ausführlichen Tischgesprächen persönlich kennen; seitdem stehen wir in brüderlichem Austausch miteinander. Ich habe sein bedeutendes Jesus-Werk gelesen und er meine „Theologie des Neuen Testaments". Seitdem gehöre ich zu den wenigen evangelischen Professoren, die ihm theologisch nahestehen und in mancher Hinsicht zuarbeiten (s. meinen Aufsatz im Anhang).

In der kirchlichen Praxis jedoch sind in letzter Zeit neue Probleme entstanden, die erst in der Gegenwart von erneut trennender Wirkung geworden sind. Sie gehen von protestantischer Seite aus: Abtreibungen im Interesse von Frauen, die gegen ihren Willen schwanger sind. Sie werden damit begründet, dass ungeborene Kinder noch keine menschlichen Personen seien; ihre Tötung sei also kein Mord, sondern eine persönliche Entscheidung der schwangeren Frauen. Auch die allgemeine sexuelle Praxis hat sich verändert. Mehrere Partner zu haben oder mit gleichgeschlechtlichen Partnern eheähnlich zusammenzuleben gehört heutzutage zur emanzipierten Freiheit moderner Menschen. Da heute fast alle evangelischen Kirchenleitungen und Universitätsfakultäten solcherlei Modernismus ethisch und zuweilen auch theologisch tolerieren, befindet sich der heutige Protestantismus in einem neuen gravierenden Widerspruch zur Lehre der katholischen Kirche, die hierin die Wahrheit des 5. und 6. Dekaloggebots zu Recht verletzt sieht. Ebenso gilt nach der Tradition evangelischer Glaubenslehre, die sich auf Gottes Wort in der Heiligen Schrift gründet: Abtreibungen sind und bleiben Mord; und die Gleichsetzung homosexueller Partnerschaften mit der Ehe von Mann und Frau widerstreitet dem schöpfungsmäßigen Sinn von Ehe und Familie (Gen 1,26f.!). Kinder gibt es nur in einer Ehe, in der der Vater den Samen spendet, der in der Mutter zum Leben des gemeinsamen Kindes wird und in ihr heranwächst.*

In den 80er-Jahren meines Bischofsdienstes lag der theologische Schwerpunkt der Bewegung des Aufbegehrens von Frauen bei der Bibelauslegung. Es galt die „Männerdominanz" im Neuen Testament zu korrigieren. Vor allem die Rede von Gott als „Vater" Seiner erwählten „Kinder" sollte zugunsten eines femininen Gottesbildes verändert werden. So entstand im Jahr 2006 eine neue Bibelübersetzung „in gerechter Sprache", die ich in Verantwortung für die ganze Kirche durch Veröffentlichung einer theologischen Kritik als „Widerstreit gegen die Wahrheit der Heiligen Schrift und die Grundbekenntnisse aller christlicher Kirchen" verurteilt habe (KNA-Dokumentation 4/2007). Der Rat der EKD hat die Forderung, die Übersetzung als Gottesdienstliche Schriftlesung anzuerkennen, zurecht abgelehnt.

Bes. dieser Absatz gibt nur die Ansicht des Autors, nicht hingegen die im Verlag wieder!

12. Politisches Wirken als Bischof

Dass mein bischöfliches Amt auch in die Politik heineinwirken konnte bzw. musste, erfuhr ich, als ich Anfang der 80er-Jahre versuchte, das Problem der damals beginnenden Massenarbeitslosigkeit lösen zu helfen. Statt bloßer Reden, die wie ein Tadel von oben klingen konnten, besuchte ich jede politisch leitende Persönlichkeit in Hamburg und Schleswig-Holstein, nicht nur um die Aspekte des Problems zu besprechen, sondern auch, um sie zu gemeinsamen Beratungen in mein Bischofshaus einzuladen, mit dem Ziel einer gemeinsamen öffentlichen Erklärung. Es waren der Vorsitzende des Arbeitgeberverbandes (Dr. Murmann), die Leiter beider Gewerkschaften (ÖTV und DAG) sowie der Stellvertretende Ministerpräsident des Landes Schleswig-Holstein (Dr. Hoffmann) und die Vorsitzenden der zwei großen Parteien CDU (Dr. Hoffmann) und SPD (Engholm). So gab es regelmäßig alle 14 Tage Zusammenkünfte, in denen intensiv gearbeitet wurde. Jeder brachte aus seinem Büro für die Öffentlichkeit geheime Zahlen und Informationen mit.

Es dauerte nicht lange, bis das persönliche Vertrauensverhältnis so fest war, dass man diesen Mitteilungen vertrauen und sich auf deren Geheimhaltung verlassen konnte. So wurde das „Bischofshaus" zum wichtigen Sammelort, wohin alle auch persönlich gern kamen. Natürlich bereitete meine Frau jedes Mal ein gutes Essen, das zur Bildung der Atmosphäre dieser Gespräche beitrug. Das Ergebnis war schließlich eine gemeinsame öffentliche Erklärung, die alle unterschrieben und in ihren Gremien zu vertreten bereit waren. Diese Erklärung wurde rasch zum politisch überall diskutierten Ereignis. Björn Engholm nahm mich sogar als Gast zu einer Sitzung des SPD-Bundesvorstands mit; gerade dort merkte ich, wie die Stimme der Kirche ernst genommen und geschätzt wird, auch da, wo man ihrer Glaubensposition skeptisch gegenübersteht.

Eine höchst spannungsreiche Situation entstand in den Tagen nach dem rätselhaften Tod von Ministerpräsident Dr. Uwe Barschel im Herbst 1987. Man konnte nicht wissen, ob er sich selbst in seinem Hotelzimmer in

Genf getötet hatte oder von geheimen Gegnern ermordet worden war, wie seine Familie annahm. Jedenfalls bestand ein Zusammenhang mit Informationen über persönliches Fehlverhalten Barschels, der seinen Gegner Engholm zuvor monatelang bespitzeln und die sogenannten Ergebnisse über moralisch anrüchiges Verhalten seines politischen Gegners veröffentlichen ließ. Ich selbst hatte zu Barschel während der Zeit seines Wirkens als Ministerpräsident lange Zeit ein schlechtes Verhältnis. Er hatte mir mehrmals öffentlich vorgeworfen, die Nordelbische Kirche sei gegen die CDU feindlich eingestellt. Das änderte sich erst nach einem Absturz des Regierungs-Hubschraubers, den allein Barschel überlebt hatte. Als er im Krankenhaus lag, um seine Verletzungen behandeln zu lassen, besuchte ich ihn mehrmals seelsorgerlich und fand ihn auf einmal persönlich aufgeschlossen, weil er darunter litt, dass bei dem Unglück alle anderen Insassen umgekommen waren. Kaum konnte er jedoch die Klinik verlassen, nahm er wieder höchst aktiv am Wahlkampf teil und ließ sich von mir nicht mehr sprechen.

Barschels Tod in seinem Genfer Hotelzimmer beherrschte dann die deutsche Öffentlichkeit. Frau Barschel, die ich mit meiner Frau seelsorgerlich besucht hatte, hielt lediglich eine Ermordung ihres Gatten für möglich, die mit Waffengeschäften zusammenhängen sollte. Jedenfalls fand die öffentliche Trauerfeier, die mit dem Abschiedsgottesdienst im Lübecker Dom zusammengelegt worden war, in geradezu knisternder Spannung statt, zumal ich auch in der Predigt die politischen Aspekte kritisch zur Sprache bringen musste. Damit durch sie keine zusätzliche Anheizung öffentlicher Debatten erfolgen würde, hatte ich die Predigt vorher den Vertretern beider Parteien vorgelegt, sowohl Björn Engholm als auch Dr. Hoffmann, die keinerlei Einwände hatten. Ich selbst war in höchster Anspannung. Sämtliche Länderministerpräsidenten saßen im Chor des Doms in nächster Nähe um mich herum. Diese Predigt war in den folgenden Wochen in ganz Deutschland ein heiß diskutiertes Thema; ich weiß nicht, wie viele Abiturienten in ihren Klausuren darüber zu schreiben hatten. Dass der politische Teil meiner Predigt später der neuen Landesverfassung von Schleswig-Holstein als Grunddokument zugrunde gelegt worden ist, habe ich erst jüngst erfahren.

13. Ruhestand und Rückkehr nach Lübeck
(2000-2010)

Während meiner Dienstzeit als Bischof habe ich jeden Sonntag in einer Kirche meines Dienstbezirks Gottesdienste gehalten, immer mit Predigt und Heiligem Abendmahl. Es gelang mir nicht oft, die Kirchengemeinderäte davon zu überzeugen, dass die eucharistische Feier mit **Wort und Sakrament** nicht nur in der katholischen Messe grundsätzlich verbunden ist, sondern auch dem Wesen des evangelischen Gottesdienstes entspricht. Um so lieber war mir der Gottesdienst im Lübecker Dom, wo seit Langem sonntäglich die Eucharistie stattfindet. Das ist das Verdienst des früheren Dompastors Wolfgang Grusnick. Wie fest sich diese Sitte in einer Gemeinde einbürgern und wie sich die Zahl der Teilnehmer durch die besondere Art der Erfahrung der Eucharistie deutlich vermehren kann, ist im Lübecker Dom klar geworden, der auch noch heute Sonntag für Sonntag voll ist: immer mit weit über 200 Kommunikanten.

Meine Dienstzeit als Bischof wurde 1989 abrupt durch eine Krebserkrankung der Bauchspeicheldrüse beendet. Die „Grand Whipple"-Operation hat diesen Krebs zwar regional beseitigt. Aber sämtliche befreundeten Ärzte sagten mir voraus, dass ich nach aller Erfahrung höchstens noch ein halbes Jahr zu leben hätte. Ich habe zwar, so gut ich es konnte, die 10-Jahresperiode meines Bischofsamtes bis zum Herbst 1990 zu Ende geführt, mich dann aber natürlich für keine weitere Periode wiederwählen lassen. Ich trat vielmehr einen durch die Krankheit erzwungenen Ruhestand an. Um mich gründlich zu erholen, zogen wir zu Freunden an die Ostsee, wo wir in einem alten strohgedeckten Bauernhaus wohnen konnten, das direkt an der Küste gelegen ist. Durch häufiges langes Spazierengehen hofften wir meiner Gesundung zu nützen. Dass ich aber während eines Jahres tatsächlich ganz gesund geworden bin, zähle ich zu den zahlreichen Wundern, die mir in meinem Leben widerfahren sind.

Im Januar 2014 zog ich mir in Lübeck durch einen Sturz bei Glatteis eine Zersplitterung der rechten Schulterknochen zu, deren chirurgische Behandlung schwierig war. Aber auch diese Verletzung ist, wenn auch während einer längeren Zeit, auf wunderbare Weise heil geworden. Solche medizinischen Wunder vermögen den Glauben an Gottes Wirken entscheidend zu stärken.

2001 zogen wir nach Lübeck zurück, wo wir eine große und schöne Wohnung fanden. Leider wurde meine Frau krank, in wachsendem Maß dement, sodass sie ihre letzten drei Jahre in einem Pflegeheim verbringen musste. Dort hatte sie immer stärker mit den Auswirkungen der Krankheit zu kämpfen. Schließlich erkannte sie mich gar nicht mehr, sodass diese letzte Zeit auch für mich eine schreckliche Belastung war. An ihrem Todestag (6.3.2017) erlebte ich wieder ein Wunder: Auf einmal konnte sie trotz aller Kämpfe mit dem Tod mich wiedererkennen und mit mir reden. Wir beteten miteinander die vielen Psalmen, die wir früher immer in unseren täglichen Gebeten zusammen gebetet hatten. Dabei wurde sie immer ruhiger und schlief schließlich friedlich ein. Dieses Erleben hat mir den Abschied von ihr nachhaltig erleichtert. Im Glauben weiß ich: Meine Frau hat nun am Auferstehungsleben Jesu Christi teil und dort Frieden gefunden; und Gottes Geist hält uns über die Trennung hinaus miteinander verbunden.

Seither lebe ich in meiner großen Wohnung allein, dreimal in der Woche von einer treuen Haushälterin versorgt. Daran, dass mir die Kraft für jegliche Ausflüge fehlt, muss ich mich noch immer gewöhnen. Dass ich jedoch an den Sonntags-Gottesdiensten teilnehmen kann, danke ich Gott von Herzen.

TEIL II

Zusammenfassung und Reflexion

Das Leben unserer Gesellschaft verläuft in Phasen, die immer schneller aufeinander folgen. Die heutige junge Generation hat von vielen wichtigen Vorgängen, die ihre Eltern noch miterlebt haben, keine eigene Kenntnis mehr, sondern weiß nur noch das, was diese ihr berichten. Zahlreichen jungen Erwachsenen der Nachkriegszeit ist das Kriegsgeschehen selbst schon nicht mehr unmittelbar präsent gewesen; und wer erst während des Krieges erwachsen wurde, hat wie ich die Geschichte der NS-Zeit von 1933-1940 nur als Kind erlebt.

In der gesellschaftlichen Erinnerung ist kaum bewusst, dass sich in der je eigenen Lebensgeschichte Phasen einer Entwicklung des Gesamtbewusstseins der Gesellschaft vollziehen, die in ihrer Aufeinanderfolge unseren Lebenslauf stark, ja sogar wesentlich verändern. Die Gründe dafür lassen sich am besten verstehen, wenn man versucht, die **Geschichte** dieser heute noch lebenden Generationen in ihrem Zusammenhang in den Blick zu nehmen. Denn die Phasen dieser Geschichte sind, wenn auch nur teilweise in der je eigenen Biografie, gemeinsam zu erleben – in meinem Fall im Zusammenleben von vier Generationen, die noch lebendig neben- und miteinander als Kinder, Eltern, Enkel und Urenkel leben.

Wenn ich im I. Teil meine eigene Geschichte bewusst so erzählt habe, wie ich alles nach meiner Erinnerung selbst konkret erlebt habe: meine Eltern und die NS-Zeit als Kind, die Kriegszeit als erwachsen werdender Junge, die Nachkriegszeit als Schüler, Student und Vikar, danach die Zeit meiner akademischen und dann kirchlich-bischöflichen Aktivitäten sowie schließlich das im Ruhestand Erlebte – dann spiegelt sich in alldem etwas von der allgemeinen Geschichte dieser Zeiten.

Insofern kann das Private als Phänomen der allgemeinen Geschichte interessant und vielleicht auch lehrreich für die Leser dieses Buches werden. Nur unter diesem Aspekt ist es geschrieben und nun veröffentlicht worden. Im Folgenden will ich dies an den geschilderten Erlebnisbildern grundsätzlich zusammenfassend hervortreten lassen.

1. Politische Aspekte

Die begeisterte Bewunderung Hitlers als „des Führers", einer neuen Gestalt im Leben Deutschlands, die in meiner Erinnerung an meinen Vater für dessen Einstellung charakteristisch war, steht im Zusammenhang des Bildes leitender Politiker in den vorangehenden Generationen des Hamburger Bürgertums, von dem mein Vater abstammte. Seit den Napoleonischen Kriegen hat sich dort – wie überall in Deutschland – erst im 19. Jahrhundert ein gesamtdeutsches politisches Nationalbewusstsein gebildet, dessen Spitze immer eine führende Militärgestalt war: Der Kaiser trat darum in der Öffentlichkeit immer in Uniform auf. Bismarck, der die politischen Geschäfte führte, tat alles im Dienst seines Kaisers.

In der Jugenderfahrung meines Vaters, der noch ein Jahr am Kriegsgeschehen 1914-1918 selbst teilgenommen hat, sind zwar am Versailler Schlussvertrag (ein ehrenvoller Friede war dies nach dem Urteil meines Vaters nicht) führende Männer der Regierung des Kaiserreichs beteiligt gewesen und haben ihre Unterschrift unter dieses „Diktat" gesetzt. Aber verdiente Generäle wie Hindenburg hätten nach der Vorstellung meines Vaters in den Jahren nach Versailles an die Spitze des Deutschen Reiches treten sollen. Die Weimarer Demokratie dagegen, in der immer nur Parlamentarier von der Gesamtheit der Bürger zu Führern gewählt wurden, lehnte er ab. Darum war es für ihn – und für viele ähnlich Eingestellte – eine großartige Stunde der Erneuerung der Nation, als Hindenburg als Reichspräsident Adolf Hitler zum Reichskanzler ernannte, der in seinen Reden immer schon als „der Führer" nicht einer Partei, sondern Deutschlands als einer neuen deutschen Nation aufgetreten war. Er wollte Deutschland endlich von der „Schande von Versailles" befreien.

Nun tat er es; und es gab endlich wieder eine Regierung, die man als national gesinnter Deutscher bejahen konnte – eine Regierung, die die deutsche „Wehrmacht" wieder herstellen wollte.

Widersprüchlich dazu war, wie gesagt, dass mein Vater nur Hitlers Person bewunderte, seine Partei jedoch verachtete und über das Schlimme, das im Namen des „Führers" durch die NSDAP bzw. durch deren „Führende Organe" der SS geschehen ist, hinweg sah: vor allem die Behandlung der Juden, die Mitbürger waren, jetzt aber als „Schädlinge" beurteilt, aus allen staatlichen Ämtern exkommuniziert und schließlich in sogenannte Konzentrationslager eingesperrt und durch Giftgas ermordet wurden; aber auch die menschenunwürdige Behandlung Behinderter oder anderer lebenslang Kranker, die als „unwertes Leben" zu Tode gebracht und so aus dem Volk der „Gesunden" entfernt wurden. Dies hätte mein Vater als Arzt besonders ablehnen müssen. Durch all dies ist Deutschland nicht erneuert, sondern zu einer von Verbrechern geführten Masse von aktiven Sympatisanten oder zumindest darüber Hinwegsehenden geworden. Aus der im Bürgertum des 19. Jahrhunderts überkommenen Verehrung militärischer Führung ist durch die allgemeine Anerkennung des Hitler-Regimes statt eines erneuerten Deutschlands eine schändliche Nation geworden. Davon hat mein Vater offenbar nichts wissen wollen.

2. Wunder in meinem Leben

Wunder nennen wir Widerfahrnisse in unserem Leben, die für uns eine außerordentliche Bedeutung haben, die wir aber nicht erklären können. Das erste Wunder, das mein ganzes Leben veränderte, widerfuhr mir als Kindersoldat am letzten Kriegstag. Ein herausragendes Wunder aus dem Bereich der Medizin war dann später mein Gesundwerden von Bauchspeicheldrüsenkrebs, der sich am Ende meiner Dienstzeit als Bischof durch Gelbsucht zu erkennen gab. Ein Chirurg arbeitete einen ganzen Tag lang an der sogenannten „Grand Whipple"-Operation, durch die nicht nur das befallene Organ, sondern Organe der ganzen Bauchmitte entfernt wurden, um eine weitere Ausbreitung der Krebszellen zu verhindern, was selten gelingt. Medizinerfreunde sagten mir voraus, ich müsse damit rechnen, längstens noch ein halbes Jahr zu leben. Aber: Zwei Jahre später war ich völlig gesund ohne weitere ärztliche Behandlung und ohne jegliche Medikamente! Krebszellen gab es in meinem Organismus seither nicht mehr. Ein Christ kann darin nur eine Wirkung Gottes sehen und voll Dankbarkeit die vielen Psalmen beten, in denen die Frommen Israels immer wieder Gott für die Rettung ihres Lebens danken und ihn lobpreisen. Andere mögen sagen: „Du hast großes Glück gehabt" – ohne zu wissen, was sie mit Glück eigentlich meinen. Gewiss gibt es – gerade im medizinischen Bereich – manches Unerklärbare. Und je aufmerksamer wir dafür werden, wird man beim Betrachten seines Lebenslaufs feststellen: Es gibt viel „Glück" in unserem Leben, selten so großes, wie ich es erlebt habe, umso mehr jedoch kleinere unscheinbare Wunder, die man oft nicht bemerkt. Wenn ein Christ die Fälle, in denen er „Glück gehabt" hat, Wunder Gottes nennt, dann gebraucht er nicht nur ein frommes Wort, sondern er weiß in der Tiefe seiner Seele, dass es wirklich Gott war, der hier an ihm **gehandelt** hat. Und weil Gott, der uns als der Schöpfer unser Leben ganz und gar geschenkt hat, ständig an uns handelt, ist **alles** Glück ein wunderbares Handeln Gottes – kleines wie großes.

Das großartigste Wunder ist mir, wie gesagt, am Ende des Krieges widerfahren: Da durfte ich aus meiner Grube, welche die Panzer, die über sie hinweg fuhren, zusammengedrückt hatten, ohne körperlichen Schaden herauskriechen. Dass es **Gott** war, der mich beschützt, ja mein Leben gerettet hatte, war mir erst kurz zuvor bewusst geworden, als ich aus der Stelle in Joh 16 Jesu ICH-Stimme zu mir sprechen gehört hatte, eine mir bisher unbekannte Stimme, die ich vorher noch nie mit jener tiefen Eindrücklichkeit vernommen hatte: „Habt Mut: ICH habe die Welt besiegt" – die Welt mit ihren abertausend Gefahren, die dieser ICH überwinden kann. Noch heute bin ich tief dankbar, dass unser Vater im Himmel mich damals nicht nur vor dem Tod gerettet, sondern mich damit zugleich hat Christ werden lassen.

3. Traditionsbrüche

Wenn ich die Welt meiner Familie, in der ich aufgewachsen bin, vergleiche mit der heutigen, die ich als 90-Jähriger erlebe, zeigt sich ein tiefgreifender Unterschied. Schon in den Jahren des Krieges hat sich die Rolle meiner Mutter verändert: Weil mein Vater als Leiter eines Feldlazaretts am fernen Kriegsgeschehen beteiligt war, fern von uns, musste meine Mutter die Leitung unserer Familie übernehmen; und wir vier Kinder wuchsen vaterlos auf, wie sie ohne ihren Mann mit dem Leben ihrer Familie zurechtkommen musste. Katastrophal wurde diese Situation in der Nachkriegszeit: Die Familien der Kriegsteilnehmer bekamen plötzlich keine staatliche finanzielle Unterstützung mehr. Meine Mutter behalf sich, indem sie eine ganztägige Stelle im Sekretariat unserer Schule antrat. Deswegen mussten wir Kinder den Haushalt übernehmen. Die Folge war: Meine Mutter hatte zum ersten Mal in ihrem Leben einen Beruf, der sie voll in Anspruch nahm, aber sie auch voll erfüllte. Uns Kindern wuchs ein großer Teil ihrer bisherigen Tätigkeit zu Hause zu und damit eine Selbstständigkeit, wie sie sonst nur Erwachsene hatten. Das ist zunächst unser familiäres Geschick. Doch viele andere Familien traf es ebenso. Man kann von einer allgemeinen Nachkriegssituation sprechen. Nimmt man die Ehescheidungen hinzu, zu denen sich etliche Ehefrauen in den oft lange dauernden Gefangenschaftszeiten ihrer Männer entschlossen hatten, und die Entfremdungen, die sich durch die lange Selbstständigkeit in den Frauen vollzogen hatten, so tritt darin ein tiefer Bruch im engsten Gemeinschaftsbereich der Gesellschaft, der Familie, zutage – ein Prozess, der sich in den Jahrzehnten der Nachkriegszeit dann allgemein vollzogen hat: Sowohl das Selbstbewusstsein der Frau wie das der erwachsen werdenden Kinder wurde autonom. Das zeigte sich später in unserer Familie sowohl im Verhalten unserer Kinder, die schon mit 14 bzw. 15 Jahren frei von aller Bestimmung durch ihre Eltern werden wollten, als auch in der Selbstverständlichkeit, mit der meine Frau später selbstständig berufstätig geworden ist. Zu einem Bruch der Gemeinschaftlichkeit führte das in unserer Familie trotz aller Konflikte nicht. Vielmehr vollzogen sich die Veränderungen der Rollen so nahezu selbstverständlich, dass wir diese als solche überhaupt nicht bemerkt haben.

Nichtsdestoweniger hatten wir auf unsere Weise an der allgemeinen Entwicklung Anteil. Die Übereinstimmung mit der herrschenden Verhaltensweise der gegenwärtigen Umwelt und die Veränderung der eigenen Sphäre sind für mein Urteil ein interessanter Aspekt unser aller Biografie. Das Erste aber erwächst nicht nur durch aktuelle Ereignisse wie in unserem Fall der NS-Zeit und des Krieges, sondern hat nicht weniger teil an der Tradition vorangehender Generationen, die uns im Dunkel des Unbewussten im gegenwärtigen Leben bestimmen, sowohl positiv als auch negativ. Das Zweite erwächst aus der individuellen Eigenart jeder Person in den jeweiligen vergangenen Generationen. Auch diese Einflüsse aus der lange vorausgehenden Geschichte der „Vorfahren" sind für eine Autobiografie von Bedeutung. Je ausführlicher man sich damit historisch beschäftigt, umso konkreter tritt dies in den Blick.

4. Der Umgang der Kirche mit Themen der Politik

Von Anfang an bin ich in meinem bischöflichen Dienst mit brisanten Themen der Politik konfrontiert worden. Die Kirche hat dazu durchaus ihr eigenes Wort in der Öffentlichkeit zu sagen. Dieses muss aber am Evangelium Gottes in der Heiligen Schrift bemessen sein. Ein Bischof darf nicht nur nachsprechen, was in der politischen Öffentlichkeit dazu gesagt wird, auch dann, wenn dies mit seinem christlichen Urteil übereinstimmt. Denn dass die Kirchen – beide, die evangelische wie die katholische – zu den aktuellen politischen Lebensproblemen einen gewichtigen Beitrag aus Gottes Wahrheit, die sie im Glauben erkennt, zu geben vermag, ist heute allen Menschen, die ihre politische Verantwortung ernsthaft wahrnehmen, bewusst, auch wenn sie selbst glaubenslos leben. Der christliche Glaube findet mit Recht weiterhin große Achtung, jedoch nur, wenn er von bekennenden Christen klar und einladend vertreten wird.

Dies ist aber nicht der einzige Dienst zum politischen Handeln, welcher der Kirche anvertraut ist. Von gleicher Wichtigkeit – in machen Situationen sogar noch wichtiger – ist ein weiterer: nämlich Hilfe zur Verständigung unter den aktiven Politikern, die in ihrem Handeln einander

widerstreitende Positionen vertreten. Denn damit dies dem Gemeinwesen wirklich nützt, bedarf es in entscheidenden Fragen der Übereinstimmung über ihre gegensätzlichen Positionen hinaus. Allzu häufig kommt
es jedoch dort, wo sich Politiker einigen wollen, nur zu leeren Kompro-
missen. Das war so Anfang der 80er-Jahre im Blick auf das brennende
Problem der beginnenden Massenarbeitslosigkeit. Ich wusste selbst nicht,
welche Wege konkret-politisch zu ihrer Bewältigung führen könnten. Aber
mir war klar, dass ich als Bischof der evangelischen Kirche im Norden
Deutschlands einen Dienst zur Verständigung unter den politisch Verantwortlichen zu leisten hatte. So kam es zu den oben genannten Arbeits-
treffen in meinem Haus, an denen alle, die ich persönlich bat, gleich zur
Teilnahme bereit waren: sowohl die führenden Persönlichkeiten der maßgeblichen Arbeitnehmer-Organisationen (DGB und DAG) als auch der Vorsitzende des Arbeitgeberverbandes; hinzu kamen Vorstandsvorsitzende
beider maßgeblichen politischen Parteien (SPD und CDU) sowie sogar der
stellvertretende Ministerpräsident Schleswig-Holsteins (leider kein Vertreter des Hamburger Senats). Mein Part war es, Vertrauen zu schaffen
zu gemeinsamer Offenlegung aller nötigen Informationen sowie dann zu
echter Zusammenarbeit mit dem Ziel einer gemeinsamen öffentlichen
Erklärung über den wirksamsten Weg des Umgangs mit dem – nicht nur
für Deutschland gefährlichen – Anwachsen sozialer Ungleichheit zu kommen. Meine Gesprächspartner waren mir in der Kompetenz überlegen;
aber als Gesprächsleiter, der sie immer wieder zu neuen Schritten des
Zusammenfindens ermutigte, war der Bischof sehr wohl in der Lage: Auf
diesen Dienst beschränkte und konzentrierte ich mich bewusst.

Eine zweite derartige gemeinsame Erklärung haben wir im selben Arbeitskreis veröffentlicht, als es nach der überraschenden Wiederverei-
nigung beider jahrzehntelang getrennten Teile Deutschlands um die
nötigen Entscheidungen zum bevorstehenden, schwierigen Zusammenwachsen ging. Diese Erklärung konzentrierte sich darauf, so rasch wie
möglich eine völlige Gleichstellung der Lebensverhältnisse im Ostteil mit
denen im Westteil zu wagen, selbst wenn dies im Westteil vorüberge-
hend große Opfer fordern würde. Wir wollten mit dieser Erklärung in
jedem Fall verhindern, was dann leider bis heute zum sozial gefährlichen

Zustand unterschiedlicher Einkommen und Lebensverhältnisse in Ost und West geworden ist. Wegen der immer noch bestehenden Aktualität gebe ich diese Erklärung im Anhang noch einmal zur Kenntnis. Hätte man gleich nach ihr gehandelt, wäre es zu allen Schwierigkeiten mit der „Solidarität" nicht gekommen.

Schließlich ist auch meine Predigt im Gottesdienst zum Abschied vom jäh ums Leben gekommenen schleswig-holsteinischen Ministerpräsidenten Barschel ein hervorragendes Beispiel, wie die Kirche in Momenten allgemeiner Bestürzung in ihrer gottesdienstlichen Verkündigung eine einzigartige Vollmacht hat, zum gesamtgesellschaftlichen Frieden beizutragen.

5. Das Ziel ökumenischer Zusammenarbeit der Kirchen

Im Verhältnis beider großer Kirchen sowie der verschiedenen Sondergruppen im evangelischen Bereich geht es um die gleiche Aufgabe wirksamer Zusammenarbeit mit dem Ziel, zu gegenseitiger Gemeinschaft in der einen Kirche zu finden, die nach Gottes Willen die „una sancta catholica et apostolica ecclesia" ist und es darum wieder werden soll. Während jahrhundertelang ein konfessionell exklusives Bewusstsein bestand, zu dem es gehörte, anti-katholisch, anti-protestantisch bzw. anti-evangelikal zu sein, gibt es seit einigen Jahrzehnten eine große Bewegung zur Abschaffung dieser traditionellen Vorurteile und sogar einen ernsthaften Willen zu konkreter geistlicher Gemeinschaft. Als Bischof war ich zur Mithilfe bei der ökumenischen Dialogarbeit beauftragt (siehe oben) und war aktives Mitglied des „Ökumenischen Arbeitskreises evangelischer und katholischer Theologen" (ÖAK). Die Ergebnisse dieser Arbeit sind in einer Reihe von Veröffentlichungen nachzulesen („Dialog der Kirchen"). In zentralen ehemaligen Streitthemen – vor allem der sogenannten „Rechtfertigungslehre" – ist bereits ein von beiden Kirchen offiziell anerkannter Konsens erreicht worden.

Leider ist es auf evangelischer Seite zu neuen Gegensätzen gekommen, die zur Verfestigung des katholischen Urteils geführt haben, die evangelischen Kirchen nicht voll als Kirchen anerkennen zu können. Dabei wäre es für die evangelische Kirche leicht, ihre Ordnung so zu ändern, dass eine Möglichkeit katholischer Anerkennung bestünde: Die vielen lediglich „beauftragten" Laien, die öffentliche Gottesdienste mit Predigt und Abendmahl halten dürfen, sollten richtig ordiniert und so den Pfarrern und Pfarrerinnen geistlich gleichgestellt werden. So entfiele die katholische Kritik am „Amtsverständnis" der evangelischen Schwesterkirche: Die in den ökumenischen Dialogen erreichte Möglichkeit gegenseitiger Anerkennung der evangelischen Pfarrer-Ordination und der katholischen Priesterweihe wäre realisierbar. Zur ökumenschen Einheit beizutragen ist wichtiger, als an der protestantischen Profillosigkeit festzuhalten.

6. Die politische sowie die kirchliche Problematik

Vergleicht man diese Arbeit zu ökumenischer Verständigung im Bereich der Kirchen mit der politischen, zeigt sich eine Parallelität: Hier wie dort geht es um Hilfe zu ernsthaftem Dialog zwischen Partnern, die von ihrer eigenen Position aus dazu zunächst nicht in der Lage sind. Eine Hilfe zur Überwindung dieser Probleme besteht zwar darin, dissentierende Partner zum Dialog zusammenzubringen. Die Voraussetzung solcher Hilfe ist aber die Einsicht, dass es eine höhere Ebene gibt, auf der die Gegensätze der Ausgangspositionen der Partner nicht beseitigt, jedoch zum Finden neuer Wege zu gemeinsamem Handeln befähigt werden. Dazu bedarf es einerseits theologischer und andererseits philosophischer Bildung. Denn um ein Verständnis dieser höheren Ebene zu gewinnen, braucht es eine geistesgeschichtliche Einsicht in den Zusammenhang der Geschichte des Denkens im 19. Jahrhundert in der Auseinandersetzung mit der Aufklärung, mit der im staatlichen wie im kirchlichen Lebensbereich eine neue Epoche begonnen hat: Einerseits hat man den Ansatz zu individueller „Autonomie" übernommen und so fortgeführt, dass man heute einen Egozentrismus zum allein gültigen Grundsatz der Moderne nahezu autoritär erklärt. Andererseits hat man diesen Ansatz der Aufklärung verworfen und ist zu traditionalistischen Modellen einer „allein gültigen" Position zurückgekehrt (vgl. Band 7 meiner „Theologie des Neuen Testaments").

Einsam inmitten beider Trends pro und contra steht Hegels großartige Denkleistung. Er hat den Individualismus der Aufklärung auf einer höheren Ebene überwunden und eine ganz neue Form von Objektivität in der Geschichte der Verwirklichung des „Geistes" gefunden: durch die philosophische Einbeziehung des christlichen Glaubens an den drei-einen Gott. Theologie und Philosophie verbinden sich zu einer Einheit, in der beide großen Traditionen des Abendlandes, der Geist griechischen Denkens und christlichen Glaubens, ihr je eigenes Wesen behalten, aber in ihrer Verbindung der Neuzeit eine Grundlage geben, in der die sie bedrohenden Vielfältigkeiten überwindbar werden. An Hegels Denken orientieren sich in unserer Gegenwart zwar nicht viele Theologen und Philosophen; aber im Werk des christlichen Universalwissenschaftlers Wolfhart Pannenberg einerseits und der andersartigen Philosophie der „Frankfurter Schule" andererseits liegen parallele Entwürfe vor, die, an Hegel orientiert, eine Möglichkeit bieten könnten, die grundsatzlose Vielheit im modernen Bewusstsein zu über-bieten, so wie im Mittelalter Thomas von Aquin die verschiedenen Wege theologischen und philosophischen Denkens der spätantiken Vorzeit zur Einheit geführt hat. Papst Benedikt XVI hat bei seinem Besuch Deutschlands damit ein beachtliches Zeichen gesetzt, dass er die führende Persönlichkeit der Frankfurter Schule zu einem philosophisch-theologischen Dialog in München eingeladen hat.

Wenn ich die Vielfalt meines Lebens am Schluss überdenke, zeigt sich mir beispielhaft die immer wieder neue Erfahrung des wunderbaren Handelns Gottes als Grund, der alles in unserer Welt auf höchster Ebene sinn-gebend zusammenführt. Die Vielen, denen diese Erfahrung persönlich fremd ist, sollten sehen, dass es sehr wohl eine Möglichkeit geistiger Überwindung dieser Fremdheit und so einen echten, überzeugenden Zugang zur geistlichen Wirklichkeit christlichen Glaubens gibt.

7. Veröffentlichungen

Einen Blick auf meine größeren Veröffentlichungen will ich hier zum Schluss anfügen:

- Seit 1970 gibt es ein von mir neu übersetztes und Abschnitt für Abschnitt kommentiertes Neues Testament. Die Sprache der Übersetzung ist dem griechischen Urtext angemessen, aber für heutige Leser verständlich. Wo der Urtext Stellen aus dem Alten Testament zitiert, sind diese in meiner Ausgabe in großen Buchstaben gedruckt, damit der Leser sieht, wie wichtig den neutestamentlichen Autoren die Nähe zum Zeugnis des Alten Bundes war. Auch die Kommentare sind sprachlich gut verständlich. Mir lag damals allerdings sehr daran, diese Übersetzung von den vielen in modernistischer Sprache deutlich zu unterscheiden. Während der 70er- und 80er-Jahre hat mein Buch viele Leser gefunden (8 Auflagen!). Seit 2015 gibt es eine gründlich überarbeitete und schön gedruckte Neuausgabe: „Studienbibel Neues Testament" mit einem Vorwort von Karl Kardinal Lehmann, der diese kommentierte Übersetzung katholischen Lesern empfiehlt (2015 im fontis-Verlag, Basel).
- Von meinen Promotions- und Habilitationsarbeiten war oben bereits die Rede: „Weisheit und Torheit, eine exegetisch-systematische Untersuchung zu 1. Kor 1-2" (1958) und „Die Missionsreden der Apostelgeschichte" (1960). Zu nennen ist aus dieser frühen Zeit noch das Büchlein „Gottes Offenbarung. Ein Weg durch das Neue Testament" (1963).
- Von 1978 bis '82 ist in drei Bänden ein großer Kommentar zum Römerbrief in der Reihe „Evangelisch-Katholischer Kommentar zum Neuen Testament" (EKK) erschienen. Seine Besonderheit ist, dass nicht nur die historische Exegese der Texte, sondern auch deren theologischer Gehalt sowie ihre Wirkungsgeschichte ausführlich behandelt wird.
- 1998 erschien mein Kommentar zum Johannesevangelium (NTD 4) und dazu 2003 ein Band gesammelte Studien: „Der Sohn Gottes und seine Gemeinde. Zur Theologie der johanneischen Schriften" (FRLANT 200). Zu nennen ist außerdem: „Hoffnung gegen den Tod. Die Wirklichkeit der Auferstehung Jesu" (1966/1997).
- Mit der feministischen „Bibel in gerechter Sprache" (2006) habe ich mich in einem „Theologischen Gutachten" auseinandergesetzt in: „Der Teufel blieb männlich. Kritische Diskussion" (2007, S. 153-179). Vgl. dazu: „Grundprobleme moderner Übersetzung des Neuen Testaments", in: Vestigia Biblica 4 (1982, S. 142-150).

- Zu den evangelischen Kommunitäten vgl. meinen „Bericht des Beauftragten des Rates der Evangelischen Kirche in Deutschland" in: EKD-Texte 62 (1997).
- Mein Lebenswerk ist die „Theologie des Neuen Testaments", die im Ersten Band in 4 Teilbänden alle unterschiedlichen Schriften einzeln an je ihrem Ort in der Geschichte des Urchristentums behandelt. Sodann wird im Zweiten Band in zwei Teilbänden der theologische Gehalt im Zusammenhang des Kanons der Heiligen Schrift dargestellt (Neukirchen 2002-2009) und schließlich im Dritten Band die Geschichte der sog. „kritischen" Exegese und Theologie ihrerseits kritisch vor Augen geführt (ebd. 2017). Das Gleiche für ein breiteres Publikum gibt es in den Büchern: „Standpunkte" (2010) und „Kritik der Bibelkritik. Wie die Bibel wieder zur Heiligen Schrift werden kann" (2012).
- Aus einer früheren Phase (1993) stammt der von Udo Hahn herausgegebene Band gesammelter Studien: „Glaube ist keine Privatsache". Gleicher Art ist das 2018 erschienene Buch „Was Christen glauben".
- Mit Walter Kardinal Kasper zusammen ist 2007 ein Band erschienen, in dem die gegenwärtige Lage des ökumenischen Dialogs zwischen der katholischen und evangelischen Kirche kritisch kommentiert wird: „Weckruf Ökumene".
- Besondere Bedeutung für die gegenwärtige Theologie und Kirche kommt dem „Studienführer Altes Testament" (2015) zu. Hier wird ein neues Verständnis der Einheit des Alten und des Neuen Testaments vorgelegt: Jenes hat seine Mitte im Namen Gottes (Ex 3,14-6,2-7; 20,2; 33,19; 34,6f.), in dem Gott Sein ureigenes Wesen als Seine Gnade offenbart, in der Er Seinem erwählten Volk Israel den Bruch des mit Ihm geschlossenen Bundes auf wunderbare Weise in jeder Generation neu vergibt. Diese Geschichte vollendet sich in der endgültigen Vergebung im Wirken Jesu (Lk 15,11-32), der als Gottes Sohn Sein eigenes Leben am Kreuz für alle Sünder hingibt. In Jesu Auferweckung hat Gott der Vergebungsgnade Seines Namens ihren endgültigen Sieg geschaffen. So wurzelt das Neue Testament in der Geschichte des einzig-einen Gottes mit Seinem erwählten Volk Israel. Diese vollendet sich in der Geschichte des Gottessohnes Jesus. Das bedeutet für den heutigen Dialog zwischen Juden und Christen: Letz-

tere haben durch Jesus Christus teil an Israels Erwählungsgeschichte, und Israel soll nach dem Willen seines Gottes teilhaben an der Vollendung seiner Geschichte in Jesus Christus. Zwischen dem Alten und dem Neuen Bund besteht kein Bruch, sondern eine tiefe, wunderbare Einheit! Dieses Ergebnis meines Buches ist also nicht „antijudaistisch", sondern ganz „projudaistisch"!

8. Nachtrag

Zu meiner Überraschung und großen Freude hat meine Nordkirche zu meinem 90. Geburtstag ein Symposium veranstaltet, das am 13. April 2018 im Dom zu Lübeck stattfand. Vier Universitätsprofessoren waren zu Vorträgen über Aspekte meiner theologischen Arbeit eingeladen, zwei katholische (Thomas Söding und Robert Vorholt) und zwei evangelische (Peter Cornehl und Christine Gerber). Der frühere Justizminister des Landes Schleswig-Holstein, Dr. Heiko Hoffmann, würdigte meine politischen Aktivitäten. Und der leitende Bischof der Nordkirche, Gerhard Ulrich, hielt die Schlussandacht mit einer Predigt über Joh 21 („Weide meine Schafe"). Ihnen allen danke ich herzlich (Verlag Traugott Bautz 2018).

ANHANG

Trauerfeier Uwe Barschel

im Dom zu Lübeck am 27. Oktober 1987

Predigt: Bischof Dr. Ulrich Wilckens

Aus der Tiefe rufe ich, Herr, zu dir. Herr, höre meine Stimme! Laß deine Ohren merken auf die Stimme meines Flehens! Wenn du, Herr, Sünden anrechnen willst – Herr, wer wird bestehen? Denn bei dir ist die Vergebung, daß man dich fürchte. Ich harre des Herrn, meine Seele harret, und ich hoffe auf sein Wort. Meine Seele wartet auf den Herrn mehr als die Wächter auf den Morgen; mehr als die Wächter auf den Morgen hoffe Israel auf den Herrn! Denn bei dem Herrn ist die Gnade und viel Erlösung bei ihm. Und er wird Israel erlösen aus allen seinen Sünden. (Psalm 130)

Liebe Gemeinde,
liebe Frau Barschel,
liebe Familie Barschel,
was für eine Last der Bestürzung, Erregung und tiefer, tiefer Trauer lag in der so lange sich hinziehenden Zeit der beiden letzten Wochen auf Ihnen! Und was für eine drückende Last von Erschrecken, Hilflosigkeit und persönlich empfundener Teilnahme liegt auf uns allen! „Aus der Tiefe rufe ich, Herr, zu dir" – das ist das Gebet dieser Stunde. Alles Gewirr von widerstreitenden Gedanken und Gefühlen, von Verletzungen, von Vorwürfen und Gegenvorwürfen muß dahinter zurückbleiben. In der Tiefe, in die wir durch den Tod Uwe Barschels jäh gestürzt sind, kann man nur noch um Hilfe rufen. Es hat lange Zeit keinen Augenblick gegeben, in dem so viele Menschen im ganzen Land so erschreckend deutlich eine so tiefe Hilflosigkeit aller empfunden haben wie in diesen Tagen.

„Herr, höre meine Stimme. Laß Deine Ohren merken auf die Stimme meines Flehens!" Das klingt wie die Stimme des Sterbenden selbst, bedrängt von Angst, verlassen, gefangen: Für einen so armen Menschen hat die Bibel in Psalmen Worte, ja, Schreie um Hilfe hinauf zum Himmel; und wo die Bedrückung des Augenblicks selbst diesen Ausweg versperrt, gibt es die Augen der Gnade, die hinabsehen in alle Tiefen und hineingelangen in alle Gefängnisse.

In einem langen, dichten Gespräch mit Uwe Barschel in seinem Krankenzimmer nach dem jähen Flugzeugabsturz im Frühjahr berührten wir dieses letzte Geheimnis in unserem menschlichen Leben: daß wir Menschen uns nicht selbst gehören und unser Geschick in einer anderen Hand steht als der unsrigen – einer Hand, die herauszuretten vermag selbst dort, wo alles rettungslos ist. Dies so hautnah an sich selbst erfahren zu haben bedeutete für Uwe Barschel damals die Einsicht, daß zum Leben ganz elementar eine tiefe Dankbarkeit gehört zu dem, der Leben gibt und Leben rettet. „Wer Dank opfert, der preiset mich, und da ist der Weg, daß Ich ihm zeige das Heil" – dieser Satz aus dem Psalter hat Uwe Barschel seit jenem Tag begleitet; ich weiß es. Und so ist, was immer in seiner letzten Stunde geschehen sein mag, dieses Heil Gottes um ihn gewesen: als Gnade, in der Gott alle Sünde zudeckt mitsamt aller Angst und aller Not, weit hinaus über die Grenzen menschlicher Schuld und menschlichen Leidens, ja, auch über die Grenze des Todes hinaus.

Von daher gesehen, ist auch ein Lebenslauf wie dieser – von Jugend auf mit hoher Begabung und angespanntem Fleiß, und von Erfolg zu Erfolg rasch und steil hinauf in höchste Verantwortung und Autorität, und auf einmal jäh abstürzend – nicht ein besonders grelles Beispiel von erschreckender Heillosigkeit und Sinnlosigkeit: Was wir aus uns machen und was wir leisten und schaffen ist eben nicht das einzige Maß, mit dem Sinn und Heil unseres Lebens zu bemessen ist. Auch Gestürzte und Gescheiterte bleiben Menschen in Gottes Hand, wie auch Tüchtige und Erfolgreiche nie vergessen dürfen, daß sie leben von dem, was Gott ihnen gegeben hat. Aus dem gleichen Grunde kommt ja auch den Schwachen und Unglücklichen unter uns, denen, die nicht so begabt und nicht so tüchtig sind, die gleiche Ehre zu wie allen anderen: die Ehre, die Gott jedem eingestiftet hat, dem er Menschenantlitz gab.

Und das möchte ich jetzt besonders auch euch Kindern sagen: Die Ehre eures Vaters liegt in Gottes Hand – da, nur da ist sie unantastbar; dessen dürft ihr immer gewiß bleiben und euch von keinem Menschen darin irre machen lassen. Ihnen aber, liebe Frau Barschel und allen Mitgliedern Ihrer Familie, darf ich in dieser Stunde des Abschieds dies zusprechen: Lassen Sie sich unter der Last der Finsternisse dieser Tage nicht die Dankbarkeit verdunkeln für alles, was Sie gemeinsam mit Ihrem Mann erlebt und was Sie aneinander erfahren haben: Bei Gott, der es Ihnen geschenkt hat, behält dies alles seinen guten Sinn auch nach der Stunde seines Todes. Wie Gott in der Taufe zu ihm gesagt hat: „Ich habe dich bei deinem Namen gerufen, du bist mein", so bleibt dies wahr und wirklich auch über die Grenze des Todes hinaus: Ob wir leben, ob wir sterben, sind und bleiben wir die Kinder des Einen Vaters, die wir durch das Kreuz und die Auferstehung Christi haben werden dürfen. Das möge die gewisse Hoffnung sein, die Gott Ihnen zu aller Dankbarkeit für das Gewesene im Blick auf Ihre nun bevorstehende Zukunft schenken möchte: „Meine Seele wartet auf den Herrn mehr als die Wächter auf den Morgen."

Uns alle aber in unserer erschrockenen Ratlosigkeit vermag dieser Psalm hier im Gotteshaus des Doms an etwas sehr Wesentliches zu erinnern und uns von daher Wege zu einem neuen Anfang zu öffnen. Der plötzliche Tod Uwe Barschels, des Ministerpräsidenten, mitten hinein in den Morast von Affären und Machenschaften, in dem wir uns befinden, erregt ja nicht nur die persönliche Teilnahme vieler, vieler Menschen, sondern eben auch eine brennende Scham über den inneren Zustand unseres Gemeinwesens, wie er hier offenbar geworden ist.

Die demokratische Ordnung unseres freien Rechtsstaats ist mit ihren knapp vierzig Jahren noch sehr jung und auch sehr verletzbar. Ihren eigentlichen Sinn hat sie darin, daß sie eine Ordnung ist, in der der Schutz und die Förderung der Menschlichkeit des Menschen oberste Norm und die Pflicht aller ist. Diesem Ziel hat alle Macht zu dienen. Und nur in dem Maße, wie es ein allgemeines Grundvertrauen gibt, daß dies in den Machtzentren wirklich geschieht, wird es eine breite Zustimmung zur demokratischen Ordnung geben. Aber weil alle Träger politischer Macht abhängig sind vom Votum ihrer Wähler, gilt immer auch das Umgekehrte: In dem Maß, wie die Menschen im Lande ihren eigenen Vorteil für wichtiger halten als das Gemeinwohl, wird es den Machtträgern so gehen, als sähen ihre Wähler sie wie Boxer im Ring, die da oben, bitte, ja zu kämpfen und sich zu wehren und Schläge auszuteilen haben, wie sie, die Zuschauer, es von ihnen erwarten. In dem Maß, wie sich die Wünsche und Erwartungen und Forderungen der Wähler an ihre Politiker in dieser Weise am Idealbild eines Boxers orientieren, der keinen Fehler machen und sich von niemandem unterkriegen lassen darf, wird auch für Politiker als Machtträger die uralte Versuchung übermächtig werden, nach diesem Bilde selbst zu denken, zu urteilen und auch zu handeln.

„Wenn Du, Herr, Sünden anrechnen willst – Herr, wer wird bestehen?" Solange einer nur mit dem Finger auf andere zeigt, ohne ihn mit der alten Geste der Buße zuvor auf das eigene Herz zu richten; und solange darum einer fürchten muß, im Urteil der anderen schlicht erledigt zu sein, wenn er auch nur einen Fehler zugibt, werden wir ein Volk von Rechthabern sein und aus der schlimmen Lage, daß ein Fehler den anderen nach sich zieht, nicht herauskommen.

Macht muß es geben, wenn das Recht – und das heißt die Freiheit und die Würde aller – geschützt werden soll. Aber damit sie das tun kann, muß die Macht auch vor sich selbst geschützt werden; das heißt, ihre Zeit muß begrenzt werden, und der Wechsel ihrer Träger muß nicht nur geordnet sein, sondern auch von allen bejaht und als normaler Vorgang geradezu gewollt werden. Daran hat es uns bislang gefehlt. Solange es schlicht als Katastrophe gilt, wenn die einen die anderen in der Macht ablösen, und die Macht zu verlieren als Schande gilt, solange werden die durch alle Jahrhunderte hindurch bekannten Gefahren der Machtsucht vielfache und vielfältige Chancen bekommen, unserem Gemeinwesen, gerade dem demokratisch verfaßten, in seiner Wurzel zu schaden. Es steht sehr zu befürchten, daß hier der eigentliche Herd der Krankheit liegt, die Uwe Barschel hingestreckt, aber auch viele andere befallen hat. Und es ist sehr wichtig, daß auch wir Bürger unsere Politiker in dieser Sache nicht isolieren und sie nicht allein lassen in dieser Schuld. An der Katastrophen-Mentalität und der Neigung zu polarisieren haben wir ja doch mehr oder weniger alle teil!

Regierung und Opposition muß es geben; jede mit ihrem Part. Und öffentlich sichtbar muß ihr Zusammenspiel im Streit sein. Aber wenn am

Verhalten der Personen zueinander nicht auch der gegenseitige Respekt erkennbar bleibt, den in einem freien Gemeinwesen einer dem andern als Menschen schuldet, wird es auch immer weniger glaubhaft sein, daß das politische Gegeneinander dem Wohl aller, nämlich dem Schutz und der Förderung der Menschlichkeit des Menschen dient. Die mancherlei schlimmen Machenschaften zur Untergrabung persönlicher Ehre und all die raschen persönlichen Verdächtigungen und Verurteilungen, die die Aufklärung dieser Machenschaften seit Wochen begleiten, sind alle auf einer Bühne geschehen, derer gerade ein demokratisches Gemeinwesen bedarf: auf der Bühne der Öffentlichkeit. Zum Beruf des Politikers gehört es, nicht nur dafür besorgt zu sein, daß er möglichst viele Auftritte bekommt, sondern vor allem dafür, seine Rolle auf dieser Bühne für sich persönlich und im Umgang mit Freund und Gegner so zu spielen, daß uns, dem Publikum, deutlich wird und erkennbar bleibt, worum es geht: um die Menschlichkeit in unserer eigenen Mitte. Aber es geht eben auch darum, daß wir, das Publikum, die richtigen „Bühnenstücke" zu sehen begehren!

Berichterstattung muß es geben; ohne Medien gibt es keine Öffentlichkeit. Und in einem demokratischen Gemeinwesen müssen die Medien unabhängig sein und die Macht, die sie haben, zur Kritik der politischen Machtträger nutzen können. Aber auch diese Macht muß begrenzt sein, um nicht Schaden zu stiften; und ihre Grenzen sind genauso durch das Ziel des Schutzes und der Förderung der Menschlichkeit bestimmt wie die politische Macht. Nicht nur der Wahrheit sind Journalisten verpflichtet, sondern auch den Geboten von Takt und Fairneß. Es kann und darf nicht all das erlaubt sein, was gerade in den letzten Wochen an unglaublichen Rücksichtslosigkeiten geschehen ist. Diese Stunde hier am Sarg von Uwe Barschel gebietet es, sehr ernst und eindringlich um gründliche, wirksame Selbstkritik im Medienbereich zu bitten. Doch das können wir wiederum nicht, ohne daß wir alle Selbstkritik üben. Denn vieles Schlimme wäre nicht passiert, hätten die Schreiber nicht ziemlich sicher mit darauf begierigen Lesern rechnen können.

„Wenn Du, Herr, Sünden anrechnen willst – Herr, wer wird bestehen?" Es ist die Weisheit der Bibel von ihrem Anfang bis zu ihrem Ende, daß es Fehllosigkeit im Leben der Menschen nicht gibt. „Das Dichten und Trach-

ten des menschlichen Herzens ist böse von Jugend auf", heißt es im Rückblick auf die Katastrophe der großen Sintflut und im Vorblick auf alles Zusammenleben der Menschen auf der ihnen wiedergeschenkten Erde.
Wer fehllose Politik und fehllose Politiker fordert, überspielt oder über-
zieht die Wirklichkeit und trägt mehr zum Schaden als zum Nutzen bei.

Aber noch tiefgreifenderen Schaden richtet der an, der für die Politik
auf der Erde keinerlei Himmel über ihr anerkennt. Der Staat ist nicht das
Reich Gottes und wird nie imstande sein, das Reich Gottes zu ersetzen.
Uwe Barschel hat mehrfach die Kirche gewarnt, den Staat in diesem Sinne
zu überfordern, und er hat darin, denke ich, im Grundsätzlichen recht gehabt. Aber es gibt auch umgekehrt eine Art von „Realpolitik" ohne wirkliche und aufrichtige Rücksicht auf Religion, in den letzten Jahren mehr
und mehr. Und die unheimliche Gefahr, die daraus erwächst, ist die, daß
man sich, ohne es zu merken, gleichsam den Himmel aneignet und sich
selbst eine Allmächtigkeit zuschreibt, die nur noch durch den politischen
Gegner und durch die Zustimmung der Massen begrenzt scheint: den
einen gilt es dann womöglich auszuschalten – die anderen zu befriedigen.
Durch solchen Realismus kann Demokratie um ihren eigentlichen Charakter gebracht werden, ohne daß sich an ihrer Fassade etwas ändert.
Und das weckt bei Menschen, denen es um die Menschlichkeit in unserem Staat geht, Verdacht und Widerwillen. Der regt sich, wenn nicht alles
trügt, in Anfängen seit längerem mitten unter uns und wird durch schlimme Vorgänge, wie wir sie jetzt erleben mußten, stark genährt.

Demokratie kann nicht auf Dauer Bestand haben, wenn sie sich, verletzbar wie sie ihrem Wesen nach ist, nicht auf einen Schutz außer und
über ihr verlassen kann und verläßt. Der liegt bei Gott und ist politisch
unverrechenbar. Die Kirche, die ihn verkündigt, muß darum vom Staat
und der Staat von der Kirche unterschieden sein. Aber es gibt Sachver-
halte und Erfahrungen, die das, was als Gottes Wort zu verkündigen ist,
für unser staatliches Zusammenleben unverwechselbar notwendig er-
scheinen lassen.

Das Erste ist: Die Grundnorm und Werte, ohne die das Ziel der Menschlichkeit des Menschen nicht zu verfolgen und zu erreichen ist, sind in den
Geboten Gottes gegründet; nur so können sie unabdingbare Autorität
haben, so daß es nicht Menschen sind, die ihre Geltung garantieren, auch

nicht eine Mehrheit von ihnen, sondern Gott über den Menschen. Und es hat immer wieder Situationen gegeben, in denen im Namen Gottes klar und deutlich zu sagen war: Hier geht es elementar um Verletzung von Gottes Gebot; kehrt um, keinen Schritt weiter! Eine solche Situation ist jetzt da: Daß Uwe Barschel, langjähriger Ministerpräsident, selbst zu Tode gekommen ist im Strudel von schlimmen Vergehen, in die er selbst verstrickt war, Vergehen gegen das 8. Gebot, das die Ehre des Menschen schützt, das muß uns alle erschrecken und erkennen lassen, wie tödlich die Gefahren für unser ganzes Gemeinwesen sind, mit denen wir es im Grunde seit langem zu tun haben. Alle rufen darum in diesen Tagen nach Umkehr und Neuanfang. Aber solche Rufe dürfen sich nun nicht mehr in Worten erschöpfen; sie müssen in ein konkretes anderes Verhalten hineinführen. Für Lippenbekenntnisse ist nun die Zeit nicht mehr.

Zu Umkehr und Neuanfang braucht es allerdings mehr, als was fehlsame Menschen zustandebringen. Das ist das Zweite: In der gegenwärtigen Situation ist nichts so notwendig wie das Gebet um die Vergebung Gottes. Das ist das eigentliche Wunder und Geheimnis, das uns von Gott zu verkündigen aufgetragen und anvertraut ist: daß wir Menschen nicht allein bleiben müssen mit dem, was wir angerichtet haben; daß das Böse, das wir getan haben, nicht fortwährend weiteres Böses zeugen muß: Es gibt Gottes Vergebung. Es gibt das Kreuz Christi – überlebensgroß hängt es hier im Dom mitten in und über der Gemeinde. Das Volk Gottes darf Gott um Vergebung bitten, die von Grund auf Schluß macht mit allem Schlimmen und wirklich neu anfangen läßt, die schuldig geworden und in Schuld verstrickt sind. „Israel hoffe auf den Herrn. Denn bei dem Herrn ist die Gnade und viel Erlösung bei ihm. Und er wird Israel erlösen aus allen seinen Sünden."

So bitten wir in dieser Trauerfeier für unser ganzes Land, dessen Repräsentant Uwe Barschel als unser Ministerpräsident war. Und wir bitten es auch für ihn selbst: Gott, der Christus, den Gekreuzigten, vom Tode auferweckt hat, möge ihm gnädig sein, wenn er vor seinen Thron tritt, und ihm an dem Leben teilgeben, das Gott denen verheißen hat, die Christi Namen tragen.

Amen.

*D*ies ist ein *ungewöhnliches Dokument: Zum ersten Mal haben füh-rende Vertreter unterschiedlicher gesellschaftlicher und politischer* Gruppen den Mut, eine gemeinsame Strategie gegen die Arbeitslosigkeit nicht nur zu diskutieren, sondern auch *zu formulieren und zu publizieren.* Jeder musste dabei Konzessionen machen, sogar Konflikte mit dem eige-nen Lager riskieren.

Nur gemeinsam ist es zu schaffen

Arbeitslosigkeit: Aufforderung zur Kooperation

aller gesellschaftlichen Gruppen

Juli 1985

I. Die Aufgabe

Die wirtschaftliche Entwicklung in der Bundesrepublik ist zwar geprägt vom Wachstum des Sozialprodukts. Dennoch bleibt die Arbeitslosigkeit unverändert hoch. Es ist für jedermann erkennbar geworden: Die derzei-tig günstige Konjunkturentwicklung schafft für sich allein keine grundle-gende Besserung am Arbeitsmarkt. Sollte sich das derzeitige Wachstum wieder verlangsamen, werden die Nöte am Arbeitsmarkt noch größer.

Die Hoffnung auf ein den Arbeitsmarkt entlastendes Netto-Wirt-schaftswachstum (reales Wachstum abzüglich Produktivitätsfortschritt) ist auf Sicht wenig realistisch. Wenig realistisch ist auch die Erwartung, daß demographische Entwicklungen das Problem der Massenarbeitslo-sigkeit in den nächsten Jahren von selbst lösen werden.

Wenn nichts Durchgreifendes geschieht, wird die hohe Arbeitslosig-keit in der Bundesrepublik und in Europa bestehen bleiben oder gar noch weiter wachsen.

Arbeitslosigkeit, insbesondere Langzeitarbeitslosigkeit, führt die Be-troffenen in wirtschaftliche Unsicherheit. Sie kann einsam machen und unfähig, die Zeit in persönlicher Verantwortung zu gliedern und zu ge-stalten. Sie zernagt zentrale personale Wertgefühle.

Massenarbeitslosigkeit gefährdet das gesamtgesellschaftliche Leben. Sie unterhöhlt sowohl das Leistungs- als auch das Solidaritätsprinzip. Sie destabilisiert – nicht zuletzt im Wachstum einer Schattenwirtschaft – die Wirtschaft, das soziale Sicherungssystem und die Rechtsordnung. Sie kann sich zu einer Gefahr für das demokratische Gesellschaftssystem im Ganzen entwickeln.

Massenarbeitslosigkeit ist kein Naturereignis jenseits menschlicher Verantwortlichkeiten. Sie ist vor allem keine Frage persönlich zurechenbarer Schuld der von ihr Betroffenen. Sie ist gesamtgesellschaftlich verursacht und von der Gesellschaft als Ganzes auch zu verantworten. Ihre Bekämpfung ist eine wirtschaftliche, politische und ethische Aufgabe von höchstem Rang.

Unsere Gesellschaft ist im Ganzen reich und vital genug, um ein Arbeitslosigkeitsproblem auch in der vorhandenen Größenordnung lösen zu können. Die Ordnung, die sie sich gegeben hat, behindert nicht, sondern öffnet gerade den Weg zu den erforderlichen wirtschafts- und sozialpolitischen Schritten. Die soziale Marktwirtschaft kann sich hierbei neu bewähren.

Notwendig ist, daß die Verantwortungsträger jenseits gewohnter Rollenmuster und Interessenbindungen zu gemeinsamem Nachdenken und Handeln finden. Notwendig ist auch, daß alle Mitglieder unserer Gesellschaft bereit werden, wirksame Entscheidungen mitzutragen. Indem die vorhandene Massenarbeitslosigkeit auch neue Verteilungsaufgaben stellt, provoziert sie ein Wachstum gesamtgesellschaftlicher Moral und Solidarität.

Am Ende wird es um nichts Geringeres gehen als um die umgreifende Bereitschaft zu einem Lastenausgleich zwischen denen, die Arbeit und Einkommen haben, und denen, die ohne Arbeit sind.

Auf Anregung von Bischof Dr. Wilckens haben die Unterzeichner in einem freien Gedankenaustausch nach Lösungsansätzen bei der Bekämpfung der vorhandenen Arbeitslosigkeit gesucht.

Eine einzige, durchgreifende Handlungsmöglichkeit war nicht erkennbar. Die Lösung wurde daher in einem pluralen Konzept gesucht, das mehrere, zugleich begehbare Wege miteinander verbindet.

II. Handlungsvorschläge: Steuergesetzgebung

Die Nachfragekraft muß durch Steuerentlastung der unteren und mittleren Einkommensgruppen gesteigert werden.

Oberhalb der anzuhebenden Freigrenze ist eine durchgehend lineare Tarifgestaltung bei der Einkommen- und Lohnsteuer – gekoppelt mit einem spürbaren Abbau von Steuervorteilen – geboten.

Die Unternehmensbesteuerung muß stärker verwendungsorientiert sein und das Ziel verfolgen, Arbeit schaffenden Kapitaleinsatz zu favorisieren. Das heißt vor allem, daß einbehaltene Gewinne, die der Finanzierung von Investitionen dienen, maßvoller besteuert werden als entnommene bzw. ausgeschüttete Gewinne.

Reinvestierte Gewinne, die zugleich einer Produktivvermögensbeteiligung der Arbeitnehmer dienen, sollten steuerlich besonders begünstigt werden.

Zum Begrenzen von Startrisiken bei Unternehmensgründungen sollte eine zeitlich befristete steuerfreie Investitionsrücklage eingeführt werden.

Spezielle Wachstumsanstöße

Staatliche Wachstumsanstöße sollten gezielt zur Erschließung neuer Marktfelder und zur Förderung qualitativen Wachstums gegeben werden. Die Förderung sollte insbesondere bei Arbeit schaffenden Investitionen im Umweltschutz, bei der Energieeinsparung, der Wiederverwendungsindustrie sowie bei der Verkehrsinfrastruktur ansetzen, aber auch bahnbrechende Investitionen flankieren.

Der über die Selbstfinanzierungseffekte hinausgehende Finanzbedarf sollte durch Streichung von Subventionen gedeckt werden.

Die öffentliche Nachfrage muß auf allen staatlichen Ebenen verstetigt werden, damit die Anbieter auf einer verläßlichen Basis operieren können.

Arbeitsbeschaffungsmaßnahmen

ABM muß als arbeitsmarktpolitisches Instrument intelligenter genutzt werden. Nicht das Überflüssige gilt es zu fördern, sondern das zusätzlich Sinnvolle.

Arbeitslose Jugendliche sollten im Rahmen von ABM bevorzugt und ohne einengende Voraussetzungen beschäftigt werden. Dabei bieten sich Programme im Umweltschutz, der Naturerhaltung und der Wiederverwendung gebrauchter Rohstoffe besonders an.

Arbeitskosten

Es liegt im gemeinsamen Interesse von Arbeitnehmern und Unternehmern, die Arbeitskosten zu mindern (Konkurrenzfähigkeit) und gleichzeitig die netto verfügbaren Realeinkommen zu sichern (Konsumkraft).

Um die Brutto-Netto-Spanne zu verengen, muß Entlastung bei den lohnbegleitenden Kosten gesucht werden.

Bei den Lohnnebenkosten gibt es unter anderem Gestaltungsräume im Gesundheitswesen. Sollen sie genutzt werden, muß die Kompetenz der Selbstverwaltungsgremien in der gesetzlichen Krankenversicherung gestärkt werden.

Im Verhältnis zum Patienten muß die Kosten- und Leistungstransparenz der ärztlichen Versorgung sichergestellt werden.

Arbeitszeit

Die Arbeitszeitgestaltung muß verstärkt zu einem Instrument der Beschäftigungspolitik gemacht werden.

Alle Formen von Arbeitszeitverkürzung sollten reversibel ausgestaltet werden.

Die Lebensarbeitszeit sollte durch einen späteren Einstieg in das Arbeitsleben – Einführung des zehnten Schuljahrs, Ausbildungsverlängerung bei besonders qualifizierten Berufen – und durch eine für die Unternehmen möglichst kostenniveauneutrale Ausweitung der Vorruhestandsregeln sowie der Altersfreizeiten verkürzt werden. Dabei ist auf eine gleichgeltende Regelung für Frauen und Männer hinzuwirken.

Wir erwarten, daß die durchschnittliche Wochenarbeitszeit nicht bei dem heute erreichten Stand verharren wird. Kommt es in der Verantwortung der Tarifpartner zu einer weiteren Verkürzung der Wochenarbeitszeit, dann kann das im Takt des durchschnittlichen Produktivitätsfortschritts mit Lohnausgleich geschehen.

Jede weitere Verkürzung der periodischen Arbeitszeit sollte – verstehbare Bedürfnisse der Menschen berücksichtigend – mit einer Entkopplung von individueller Arbeitszeit und betrieblicher Öffnungszeit

einhergehen. Erst durch die kostengünstigere Nutzung von Produktions-
kapazitäten können zusätzliche Spielräume für mehr Beschäftigung geschaffen werden.

Teilzeitarbeit für Frauen und Männer sollte oberhalb der Versiche-
rungspflichtgrenzen in möglichst vielen, auch zusätzlichen Varianten angeboten werden.

Ausgebildeten Jugendlichen, die sonst nicht weiterbeschäftigt werden
könnten, sollten mindestens Teilzeitarbeitsverhältnisse mit einer Option
auf frei werdende Vollarbeitsplätze angeboten werden.

Auch in Zukunft werden Überstunden zum betrieblichen Alltag gehören. Die betrieblichen Partner sollten aber noch genauer prüfen, inwie-
weit sich Mehrarbeit durch Neueinstellungen vermeiden läßt.

Produktivvermögensbildung

Wenn sich die Tarifpolitik zukünftig nicht mehr vorwiegend auf Einkom-
menssteigerungen konzentriert und im Rahmen neuer Arbeitszeitregeln
Opferbereitschaft zugunsten der Arbeitslosen voraussetzt, dann kann,
ja muß die Beteiligung der Arbeitnehmer am Produktivvermögen einen
Beitrag zur Sozialverträglichkeit solcher Tarifabschlüsse leisten.

Die Tarifpartner sollten daher – vom Gesetzgeber unterstützt – entsprechende Abreden treffen.

Das betriebsgebundene oder bei Kapitalsammelstellen angelegte Ar-
beitnehmer-Beteiligungskapital stärkt die Investitionskraft nicht nur der
Kapitalgesellschaften, sondern auch mittelständischer Unternehmen,
wirkt dadurch beschäftigungsfördernd und trägt zugleich zu einer ge-
rechteren Vermögens- und Einkommensverteilung bei.

Vermögensbildung in der Form versorgungsgebundener Gewinnbe-
teiligung kann den zu erwartenden Problemen in der Entwicklung der
Renten tendenziell entgegenwirken.

Arbeit und Bildung

Eine wesentliche Zukunftsinvestition liegt in der anforderungsgerechten
Aus- und Weiterbildung.

Wir plädieren daher für eine breit angelegte Qualifizierungsoffensive
in jeder Lebensphase.

Ein zehntes Schuljahr zum Verfestigen des bis dahin Erlernten, auch verbunden mit der Hinführung zur Arbeitswelt, bessert die beruflichen Chancen der Hauptschüler. Berufliche Schulbildung und betriebliche Ausbildung müssen noch enger miteinander abgestimmt werden.

Schritte zur periodischen Arbeitszeitverkürzung, Teilzeitarbeit, ABM (vor allem für Jugendliche) sollten im Interesse weiterer beruflicher Qualifizierung mit einer Anpassungsfortbildung verknüpft werden.

Auch im Rahmen von Sozialplänen sollten Weiterbildungsmaßnahmen angeboten werden.

Damit sich Arbeitslose besser auf die geänderten Anforderungen im Arbeitsleben einstellen können, muß ein breit angelegtes Weiterbildungs- und Anpassungsprogramm aufgelegt werden. Für solche Maßnahmen sollten alle Bildungseinrichtungen der Gewerkschaften, der Wirtschaft, des Staates und sonstiger geeigneter Träger bei finanzieller Unterstützung durch die Bundesanstalt für Arbeit zur Verfügung stehen.

Neben qualifizierten Fachkräften sollten auch arbeitslose Lehrer Unterrichtsaufträge erhalten.

Die Unterzeichner legen diese Handlungsvorschläge als Ergebnis ihrer Gespräche der Öffentlichkeit vor. Sie bitten, die Vorschläge nur in ihrem Zusammenhang zu prüfen und zu beurteilen. Sie bitten auch, richtig zu bewerten, daß die Vorschläge von sechs Repräsentanten verschiedener gesellschaftlicher Gruppierungen gemeinsam verantwortet werden. Jeder hat dabei von seiner eigentlichen Vorstellung Abstriche zugunsten eines gemeinsamen Handlungskorridors gemacht.

Die Unterzeichner werden – jeder in seinem Bereich und im Geiste der von ihnen gemeinsam geführten Gespräche – für eine intensivere und folgenreichere Zuwendung zum Problem der Arbeitslosigkeit werben. Sie werden sich an einem öffentlichen Gespräch über ihre Handlungsvorschläge gerne gemeinsam beteiligen.

Peter David, Günter Flessner,
Jan Sierks, Björn Engholm,
Klaus Murmann, Ulrich Wilckens

Gemeinsames Wort zum Vereinigungsprozeß

I. Zur Situation im geeinten Deutschland

Vor eineinhalb Jahren haben die Bürgerinnen und Bürger der ehemaligen DDR sich vom 40jährigen System des totalitären SED-Staates befreit. Ein Jahr ist es jetzt her, daß die beiden deutschen Staaten eine Wirtschafts-, Währungs- und Sozialunion geschlossen haben. Seit einem dreiviertel Jahr leben wir in **einem Staat**.

Die tiefgreifende Veränderung der gesamteuropäischen Situation hat auf einmal möglich werden lassen, wovon wir 40 Jahre geträumt haben; die Einheit in Freiheit. Wir haben allen Grund, dankbar zu sein – und es in den kommenden schweren Jahren zu bleiben.

Diese Chance der Geschichte stellt uns vor eine einzigartige Herausforderung. Sie bewirkt nicht automatisch Gutes für unser Land. Sie birgt auch große Gefahren. Nur wenn wir jetzt die Herausforderungen annehmen und entschlossen, solidarisch und vernünftig tun, was nötig ist, wird uns auch die gesellschaftliche Einheit gelingen.

Noch in diesem Jahr haben wir mehr Steuern und Abgaben zu zahlen. Noch in diesem Jahr wird die Arbeitslosigkeit in den neuen Bundesländern rasch anwachsen, sogar über das Maß der dreißiger Jahre hinaus. Solche Not inmitten unseres Sozialstaates muß Signalbedeutung bekommen: Nur wenn alle zur Hilfe beitragen, wird die Arbeitslosigkeit nicht zur Katastrophe werden. Nur wenn die Hilfe glaubhaft in solidarischer Gesinnung gegeben wird, können Ängste und Bedrückungen durchgestanden werden. Nur wenn die arbeitslos gewordenen Menschen den Mut nicht verlieren, sondern tun, was ihnen selbst möglich ist, um einen neuen Platz in einer völlig neu aufzubauenden Arbeitswelt zu gewinnen, werden die, die ihren Arbeitsplatz haben und denen es gut geht, bereit bleiben, auf Jahre hinaus zu teilen. Nur wenn es bald Zeichen der Hoffnung gibt, daß die Massenarbeitslosigkeit in absehbarer Zeit überwunden werden kann, wird die gegenwärtige Enttäuschung nicht in Resignation, Wut oder gar Radikalismus umschlagen.

Seit dem 1. Juli 1990 sitzen wird Deutsche in einem Boot. Das ist vielen

Menschen in den alten Bundesländern noch zu wenig klar geworden. Und deswegen wachsen unter den Menschen in den neuen Bundesländern Zweifel, ob sie – wie schon 1945 und verstärkt 1949 bei der Bildung der beiden deutschen Staaten – auch jetzt auf der Verliererseite stehen. Es gibt manche Arroganz derer, die das Glück gehabt haben, frei und in großer Zahl auch reich zu werden. In ihrer oft sträflichen Naivität wirkt solche Selbstzufriedenheit äußerst kränkend und empörend auf die, die ihre Befreiung nach 40 Jahren jetzt erst einmal mit dem Zusammenbruch ihrer ganzen Arbeits- und Wirtschaftswelt zu bezahlen haben. **In Wirklichkeit bedeutet die Vereinigung Deutschlands, daß wir nun aufeinander angewiesen sind.** Bleibende Not im Osten würde alsbald auch den Westen in Mitleidenschaft ziehen. Ein Nebeneinander eines reichen und eines armen Teils, einer westlichen Region, von der die Aktivitäten ausgehen und in die die Gewinne zurückkehren, und einer östlichen Region, die auf den Westen angewiesen ist, wird es auf Dauer nicht geben können.

In dieser außerordentlichen geschichtlichen Situation sind wir vor die Notwendigkeit gestellt, zu einer entsprechend außerordentlichen Solidarität im Osten und Westen unseres Vaterlandes zu finden und diese Solidarität durch die vor uns liegende Wegstrecke, so lang und schwierig sie auch werden mag, beharrlich durchzuhalten.

Materiell stehen die Chancen für uns so gut wie für keines der osteuropäischen Länder, die jetzt gleich der ehemaligen DDR den Weg in die Marktwirtschaft gehen. Der Reichtum, den die alten Bundesländer durch 40 Jahre hindurch das Glück gehabt haben zu erarbeiten, reicht aus, um ein Zusammenwachsen zwischen dem Ost- und Westteil unseres Landes in Freiheit und Gerechtigkeit zu ermöglichen.

Spätestens jetzt ist die Einsicht geboten, daß die Vereinigung Deutschlands ein Handeln in gemeinsamer Verantwortung notwendig macht, die von den politischen Parteien und überhaupt von allen Kräften unserer Gesellschaft ein außerordentlich hohes Maß von Kooperationsbereitschaft über die Eigeninteressen hinaus verlangt.

Der notwendige, breite Strukturwandel in der ostdeutschen Wirtschaft kann nicht vom freien Spiel der Kräfte des Marktes allein bewältigt werden. Er muß wirtschaftspolitisch gestaltet und vorangetrieben werden. Nur so konnte auch der wirtschaftliche Aufbau der alten Bundesrepublik nach der Währungsreform gelingen. Darüber muß es einen breiten Konsens geben, auf den sich Politik und Wirtschaft verläßlich stützen können. Wir möchten dazu Mut machen. Die Bereitschaft der überwiegenden Mehrheit der Bürgerinnen und Bürger unseres Landes, zu einer politisch vernünftigen und sozial gerechten Solidaraktion das Eigene beizutragen, ist noch heute vorhanden. Der Wettstreit der Parteien, den wir gerade in dieser schwierigen Situation brauchen, muß auf dieser gemeinsamen Basis stattfinden.

Aber auch noch so vernünftige strukturpolitische Programme und Maßnahmen reichen allein nicht aus. **Die gegenwärtige Situation der Menschen im Ostteil unseres Landes läßt deutlich werden, daß Wirtschaft zwar ein wichtiger Teilbereich unseres Zusammenlebens ist, aber nicht das Ganze bestimmt. Ohne das Gelingen von Freiheit in einer Kultur sozialer Gerechtigkeit und ohne das Gelingen von sozialer Gerechtigkeit in einer Kultur wirklicher Freiheit gibt es kein Gemeinwohl.** In diesem umfassenden Sinne ist „soziale Marktwirtschaft" aufzufassen und ernstzunehmen. Nur als zu sozialer Gerechtigkeit verpflichtete Ordnung ist Marktwirtschaft etwas wirklich anderes als jenes Ausbeutungssystem, als welches marxistische Theorie und SED-Propaganda sie immer gebrandmarkt haben. Der Prozeß der Vereinigung Deutschlands wird für viele Bürgerinnen und Bürger der ehemaligen DDR der Test darauf sein, wie sozial Marktwirtschaft als Element der Freiheit sein kann. Die Bürger der alten Bundesrepublik haben mit der sozialen Marktwirtschaft auch durch Krisen hindurch gute Erfahrungen gemacht.

Worauf es jetzt ankommt, ist eine glaubhafte Verantwortungs- und Haftungsgemeinschaft aller, die sich in Notzeiten bewährt. Für den einzelnen Menschen muß die Pflicht, zum Wohl aller beizutragen, höheren Rang haben als die Möglichkeit, seine Eigeninteressen zu verfolgen. Denn ein wohlverstandenes Interesse des Einzelnen für sich selbst kann nur auf Dauer verwirklicht werden, wenn es dem Gemeinwesen gut geht. Das heißt heute: **Der im Westen ins Kraut geschossene Egoismus muß sich zu einem verläßlichen Gemeinsinn korrigieren, wie ihn nach dem Kriege die große Aktion des Lastenausgleichs bewährt hat. Und der im Osten aufsteigende Verdacht, der Vereinigungsprozeß verlange im Grunde nichts anderes als einen entsprechenden Gegenegoismus, muß** sich zur Bereitschaft korrigieren, trotz schlimmer Beispiele privater Habgier eine begründete Hoffnung auf die Fähigkeit unserer neuen Bundesrepublik zu setzen, ein solidarisches Gemeinwesen zu verwirklichen, dem man mit Freude angehören kann.

II. Auf dem Wege in eine Verwaltungs-, Wirtschafts- und Sozialunion

Die Währungsunion war der erste Schritt in die Einheit. Der zweite Schritt war die staatliche Vereinigung. Seitdem beherrschen die Probleme, die sich auf dem Wege zur wirklichen Verwaltungs-, Wirtschafts- und Sozialunion ergeben, die Tagesordnung.

Zuständige Institutionen und kompetente Personen haben hervorragende Programme formuliert und die öffentliche Debatte über das, was jetzt getan werden muß, dadurch sehr gefördert. Wir heben das von Helmut Schmidt zur Diskussion gestellt 8-Punkte-Programm (Die ZEIT vom 17.5.91) mit besonderer Zustimmung hervor.

Die im Folgenden vorgeschlagenen Maßnahmen haben alle ein Ziel: das solidarische Handeln zu beflügeln, ohne das der Vereinigungsprozeß unserer Meinung nach nicht gelingen wird. Wir bitten, unsere Vorschläge auch anhand dieses Maßstabes zu prüfen.

1. Der **Aufbau kompetenter Verwaltungen** und der Umgang mit einem neuen System öffentlicher Verwaltung kann nur gelingen, wenn Angehörige des Öffentliches Dienstes aus den alten Bundesländern bereit sind, ihr Wissen und ihre Erfahrung in den neuen Bundesländern einzubringen. Dankenswerterweise geschieht dies bereits in erheblichem Umfang. Trotzdem gibt es noch einen großen Bedarf an solidarischer Hilfeleistung.

Wir schlagen ein flächendeckendes System institutionell gesicherter Verwaltungspartnerschaften vor: Alle kommunalen Gebietskörperschaften in den neuen Bundesländern sollten mit einer Partnerkörperschaft in den alten Bundesländern in einen fest verabredeten planvollen Personalaustausch eintreten. In konkreter Nächstenschaft sollten Sachbearbeiter, Abteilungsleiter, Bürgermeister, Landräte usw. aus Ost und West einige Tage oder sogar Wochen an einem Schreibtisch hüben und/oder drüben einander helfen und miteinander lernen können. Für solche Aufbauhilfe sollte auch persönliche Freizeit (Urlaub) eingebracht werden.

Wir appellieren darüber hinaus an Verwaltungsbedienstete im Westen, sich um Stellen im Osten zu bewerben, ihr Wissen und ihre Erfahrung also nicht nur für kurze Zeit, sondern längerfristig zur Verfügung zu stellen.

Wir bitten Beamte und öffentlich Bedienstete im Ruhestand aus Westdeutschland zu prüfen, ob sie sich in Ostdeutschland für eine befristete Zeit noch einmal einsetzen könnten.

Auch der Austausch von Beamten im aktiven Dienst muß in noch größerem Umfang geschehen als bisher. Wir kritisieren die Höhe der von der Bundesregierung beschlossenen Zulage für die in die neuen Bundesländer befristet versetzten Bundesbeamten. In der verkündeten Größenordnung untergräbt diese Zulage die Einsatzbereitschaft von Verwaltungsfachleuten anderer politischer Ebenen, die nicht in der Lage sind, entsprechende Zahlungen zu leisten. **Die Treuepflicht öffentlich Bediensteter gegenüber dem Staat schließt eine Verweigerung zur Aufbauhilfe im Osten aus. Die rechtlichen Rahmenbedingungen für eine befristete Verpflichtung zum Dienst in Ostdeutschland sind gegeben oder eben zu schaffen.**

2. **Der Aufbau einer** den neuen Bedingungen entsprechenden **Infrastruktur in den neuen Bundesländern** ist die Voraussetzung für die gesamte Wirtschaftsentwicklung. Die Entfaltung der öffentlichen Investitionsfähigkeit wird durch die üblich gewordene Dauer rechtlich geordneter Planungsverfahren oft behindert. Wir halten deren Verkürzung für unbedingt erforderlich, allerdings nur unter Berücksichtigung grundlegender ökologischer Belange. Für den Bereich der Verkehrsplanung sind entsprechende Pläne vorgelegt worden. Sie stoßen zum Teil auf erheblichen Protest. Dieser verdient Respekt, wo er in echter Gemeinwohlorientierung begründet ist. Gleichwohl sind zeitlich befristete und regional eingegrenzte Verkürzungen der Planungsverfahren zum zügigen Aufbau in den neuen Bundesländern unerläßlich.

Die Umstellung von einer zentralistischen Verwaltung auf einen selbstverantwortlichen, aufgabenorientierten öffentlichen Dienst ist schwer. Öffentliche Investitionen setzen unternehmerische Gesinnung und Verantwortungsbereitschaft vor allem der in den Kommunen und Kreisen politisch Verantwortlichen voraus. Die Effektivität der oben vorgeschlagenen kommunalen Verwaltungspartnerschaften wird nicht zuletzt daran zu überprüfen sein, wie intensiv sie gegenseitige Lernprozesse im Feld öffentlicher Investitionsfähigkeit in Gang bringt.

3. Es gibt in den neuen Bundesländern ein Übermaß an zu erledigender **Arbeit.** Zugleich ist die Situation auf dem ostdeutschen **Arbeitsmarkt** katastrophal. Die Gesellschaft der alten Bundesrepublik hat in ihren wirtschaftlichen Konjunktur- und Strukturkrisen, die sie bis in die Gegenwart hinein durchzustehen hatte, erhebliche Erfahrungen mit Folgen von Arbeitslosigkeit gesammelt. Sie hat deren Folgen freilich auch – besonders in den letzten Jahren – verdrängt; sie kann sich diese aber wieder bewußt machen. Wir rufen dazu auf, dies jetzt zu tun.

In ihrem „Aufruf zum gemeinsamen Handeln" vom Juli 1985 haben einige von uns auf die für den Einzelnen und die Gesellschaft nicht hinnehmbaren Folgen von Arbeitslosigkeit hingewiesen.

Damals wurde gesagt: „Massenarbeitslosigkeit ist kein Naturereignis jenseits menschlicher Verantwortlichkeit. Sie ist vor allem keine Frage persönlich zurechenbarer Schuld der von ihr Betroffenen. Sie ist gesamtgesellschaftlich verursacht und von der Gesellschaft als Ganzer auch zu verantworten. Ihre Bekämpfung ist eine wirtschaftliche, politische und ethische Aufgabe vom höchsten Rang. Unsere Gesellschaft ist im Ganzen reich und vital genug, um ein Arbeitslosigkeitsproblem auch in der vorhandenen Größenordnung lösen zu können."

Dies gilt unter veränderten Umständen auch heute. Freilich: Die Arbeitslosigkeit, die die Bürger der alten Bundesländer in den 80er-Jahren erfahren haben, hatte jeweils konjunkturelle und/oder strukturelle Gründe. Die aktuelle Arbeitslosigkeit in den neuen Bundesländern ist in einer radikalen Systemänderung begründet, die mit dem Tag der Währungsunion unumkehrbar geworden ist. Sie erfordert daher auch radikalere Maßnahmen, als wir sie je in Erwägung gezogen haben. Dazu rufen wir jetzt auf. – Wir verweisen auf die Notwendigkeit spezieller Ausschreibungsbedingungen bei der Vergabe öffentlicher Aufträge: ostdeutsche Firmen und Unternehmen, die ostdeutsche Arbeiter beschäftigen, sollten in zu definierenden Grenzen bevorzugt werden.

Die soziale Absicherung in ihren verschiedensten Formen (vom Arbeitslosengeld bis zur Frührente) ist notwendig. **Es muß aber ernst gemacht** werden mit dem Grundsatz, nicht Arbeitslosigkeit zu finanzieren, sondern **Arbeit.** Arbeitsbeschaffungsmaßnahmen bilden hier eine Alternative zur Arbeitslosigkeit, eine Lebensperspektive eröffnen sie jedoch nicht. Sollen sie über den momentanen Beschäftigungseffekt hinaus Wirkung entfalten, müssen Arbeitsbeschaffungsmaßnahmen darüber hinaus die regionalen Strukturen verbessern und zu zusätzlichen öffentlichen wie privaten Investitionen anregen. Hier sind alle Beteiligten zu mehr Kreativität aufgerufen. Arbeitsbeschaffungsmaßnahmen dürfen auch nicht die sich bildenden neuen Betriebe verdrängen. Den frei finanzierten Aufträgen durch die öffentliche Hand kommt eine große Bedeutung zum Aufbau einer gesunden Struktur an Klein- und Mittelbetrieben zu. Die Einbindung gerade dieser Betriebe bei der Durchführung größerer Arbeitsbeschaffungsmaßnahmen muß von jedem angestrebt werden.

Zur Schaffung wettbewerbsfähiger betrieblicher Strukturen und gleichzeitigem Auffangen der durch Freisetzung betroffenen Mitarbeiter bieten sich **Arbeitsförderungsgesellschaften** (Beschäftigungs-Qualifizierungsgesellschaften) an. Auch öffentlichen Hände (Bund/Länder/Gemeinden) sind aufgerufen, hier fördernd tätig zu werden. In diese Überbrückungsgesellschaften sind die von der Schließung bedrohten nicht wettbewerbsfähigen Unternehmensteile mit den Arbeitnehmern einzubringen.

Unter den gegebenen Umständen muß es möglich werden, **AB-Maßnahmen so zu organisieren, daß sie strukturell auf anstehende und künftig zu realisierende öffentliche und private Investitionen vorbereiten.**

Vorrangig sollte eine befristete öffentliche Förderung von Arbeitsplätzen, z.B. im Baugewerbe und im Handwerk als den Motoren der künftigen wirtschaftlichen Entwicklung, erfolgen.

Es muß mehr möglich werden, den sehr großen Finanztransfer von West nach Ost über auf Zeit zu begründende Qualifizierungsgesellschaften beschäftigungsfördernd wirken zu lassen.

Arbeitsmarktpolitische Maßnahmen der Bundesanstalt für Arbeit müssen mit **Weiterbildung und Umschulung** verbunden werden, wo immer dies möglich ist. Auch eine Verlängerung der Kurzarbeiterregelung sollte mit der individuellen Verpflichtung zu weiterer Qualifizierung verkoppelt werden. Allen Jugendlichen eine Ausbildung zu vermitteln muß vorrangiges Ziel aller sein, die in Wirtschaft und Politik Verantwortung tragen.

4. Bei der Lösung der **ökologischen Aufgaben**, die in den neuen Bundesländern anstehen, bündeln sich viele Probleme des Verwaltungsbe-
reichs, der Infrastruktur und des Arbeitsmarktes. Daraus ergeben sich
aber auch große Chancen: Der Aufbau der Wirtschaft in den neuen Bundesländern kann im europäischen Maßstab zum exemplarischen Lern-
feld dafür werden, wie eine konsequent ökologisch orientierte Ökonomie
zu realisieren ist.

5. Die Vereinigung wird noch jahrelang sehr viel Geld kosten. Deshlab ist
die **Frage, ob es gelingt, diese Lasten für alle gerecht und sozialverträglich
zu teilen, von herausragender Bedeutung. Wir möchten dazu ermutigen,
diese Aufgabe so offensiv anzunehmen, daß sich im Zuge ihrer Erledi-
gung zugleich neue Impulse für die Entwicklung unserer Gesellschaft ergeben**, die frei, gerecht und solidarisch sein will.

**Befristet auf den Aufbau in den neuen Bundesländern gezielte Abga-
benerhöhungen müssen sein.** Die Entscheidungen über sie dürfen freilich nicht in einer Atmosphäre der Kurzatmigkeit und des Populismus
getroffen werden: **Ohne Verbindung mit Einsparungen und Umschich-
tungen in den öffentlichen Haushalten und ohne Verbindung mit auch
steuerreformerischen Zielen wird keine Lastenverteilungsgerechtigkeit
erreicht werden.**

Insgesamt können von uns allen noch größere Belastungen getragen
werden – zumal auf befristete Zeit. Dabei kann uns die Erinnerung daran,
was wir noch vor zwei Jahren in beiden Teilen Deutschlands zur Überwindung der Teilung einzubringen bereit waren, die nötigen Opfer leichter
machen. Die bisher beschlossenen Beitrags-, Steuer- und Gebührener-
höhungen belasten höhere Einkommen relativ weniger als mittlere und
kleine, hier sind Korrekturen nötig.

Die einzuleitenden finanzpolitischen Entscheidungen – einschließlich
der notwendigen Neuordnung des Finanzausgleichs – **sollten die föde-
rative Struktur unseres Staates stärken.** Vorläufig hat der Bund die Rolle
des Hauptfinanziers des Vereinigungsprozesses. Länder und Kommunen
müssen bereit und fähig werden, das Ihrige selbst tun zu können. Ihr Anteil an originären Finanzquellen darf unter keinen Umständen verklei-
nert, er muß vielmehr erhöht werden – ggf. sogar, indem ihnen ein Anteil

an einer der Steuerarten zugesprochen wird, über die bisher ausschließlich der Bund verfügt (z.B. Mineralölsteuer).

Die **Unternehmensbesteuerung** ist im Ganzen so weiterzuentwickeln, daß ertragsunabhängige Komponenten minimiert und daß reinvestierte Gewinne steuerlich deutlich günstiger behandelt werden als entnommene. In den neuen Bundesländern reinvestierte Gewinne müssen zusätzlich und zeitlich befristet steuerlich begünstigt werden.

Eine Streichung der **Steuer auf private Vermögen** ist in der derzeitigen Situation nicht vertretbar.

Die Einführung einer zeitlich befristeten **Arbeitsmarktabgabe** ist jetzt notwendig: Jeder, der Erwerbs- oder Vermögenseinkommen hat, soll sich daran beteiligen, das Problem der Arbeitslosigkeit zu lösen.

Der Vereinigungsprozeß sollte Anlaß zur generellen Überprüfung unseres Subventionssystems sein. Es ist nicht vertretbar, daß in der alten Bundesrepublik alle Subventionen erhalten bleiben, in der ehemaligen DDR dagegen durch den vollständigen Abbau des „Sozialistischen Subventionssystems" die Existenzprobleme drastisch wachsen. Subventionen sollten grundsätzlich degresssiv gestaltet und befristet gewährt werden. Sie sind, wo die Entwicklung es zuläßt, rückzahlbar zu gestalten und eigeninitiativfördernd einzusetzen. Die Förderung der Fähigkeiten, Kenntnisse und Mobilitätsbereitschaft des Einzelnen (Subjektförderung, Humankapital) muß erheblich größere Bedeutung als die sachkapitalorientierte Förderung bekommen.

Der Einigungsprozeß sollte auch genutzt werden, um das seit langem anstehende Ziel einer breiten Produktiv-Vermögensbildung in Arbeitnehmerhand endlich und mit Nachdruck zu verwirklichen. Eine vernünftige Tarifpolitik kann erheblich zur Finanzierung des wirtschaftlichen Strukturwandels in den neuen Bundesländern beitragen – und zugleich zukunftsweisende sozialpolitische Perspektiven eröffnen: Teile von Lohn- und Gehaltszuwächsen sollten unternehmensgebunden oder bei Kapitalsammelstellen angelegt und für einen zu definierenden Zeitraum ausschließlich zur Stärkung der Investitionskraft in Ostdeutschland eingesetzt werden.

Ein langfristiger Aufbau und Aufschwung im Osten ist nur mit massivem Engagement der Wirtschaft möglich. **Von den Unternehmen,** denen heute schon hochattraktive Förderpräferenzen zur Verfügung stehen,

erwarten wir, daß sie die Herausforderung der wirtschaftlichen Einigung zu ihrer Sache machen und – nicht zuletzt mit dem Blick auf die großen Märkte des Ostens – **innovations- und risikobereit investieren.**

III. Auf dem Wege zu einer Rechts- und Kulturunion

Seit dem 1. Oktober 1990 ist das Grundgesetz der Bundesrepublik Deutschland die Verfassung des ganzen deutschen Volkes. Nun können alle Deutschen in einem freiheitlich-demokratischen Recht- und sozialen Bundesstaat leben.

Das Grundgesetz ist eine freiheitliche Verfassung von solcher Qualität, wie Deutschland sie in seiner Geschichte zuvor noch nicht gehabt hat. In der Welt demokratischer Staaten hat es allgemein Anerkennung gefunden und sich durch 40 Jahre hindurch als Rechtsrahmen gemeinsamen Zusammenlebens in Freiheit und Gerechtigkeit bewährt. Wer demokratisch gesinnt ist, achtet das Grundgesetz als magna charta der Freiheit und schätzt es als wertvolles gemeinsames Gut.

Gewiß sind einige Verfassungsänderungen aufgrund der Vereinigung notwendig. Weitere mögen sich aus den Erfahrungen des Zusammenlebens in der neuen Bundesrepublik ergeben. Als repräsentativer Akt der Zustimmung aller Bürgerinnen und Bürger zu der Rechtsgrundlage ihres freiheitlich-demokratischen Staates kann eine Volksabstimmung nach einer Zeit gemeinsamer Erfahrung mit dem Grundgesetz sinnvoll sein.

Von entscheidender Bedeutung für ein gutes Gelingen des Vereinigungsprozesses ist der **Neubau des Justizwesens** in den neuen Bundesländern. Er erfordert eine durchgreifende Selbstreinigung aller Gerichte, Staatsanwaltschaften und Rechtsanwaltskammern und eine Beteiligung von Juristen aus dem Bereich der alten Bundesländer im Bereich der neuen Bundesländer; vor allem aber einen raschen Neuaufbau der Rechtswissenschaft in Forschung und Lehre an den Universitäten der neuen Bundesländer. Nur eine wirklich unabhängige, allein dem Recht verpflichtete Justiz wird ein neues Grundvertrauen der Bürgerinnen und Bürger zu den rechtsprechenden Organen ihres Staates gewinnen können. Nur ein rascher Auf- und Ausbau der Gerichte schafft für alle Bürgerinnen und Bürger der neuen Bundesländer die Möglichkeit, bald ihr Recht zu bekommen.

Eine Wirtschaftsunion kann nur im Zusammenhang mit einer Sozialunion gelingen, eine Sozialunion nur im Zusammenhang einer umfassenden Kulturunion.

Es wird vor allem um eine Erneuerung der politischen Kultur gehen. Dabei will bedacht werden, daß Deutschland als Ganzes erst jetzt die Chance hat, eine freiheitlich-demokratische Nation zu werden. Die Zeit nach dem Ersten Weltkrieg war zu kurz und problembeladen, als daß der Aufbruch zu einer demokratischen Republik hätte gelingen können. Die Zeit der NS-Unrechts- und Gewaltherrschaft hat alle Anfänge der Weimarer Demokratie zerstört. Der völlige Neubau einer demokratischen Republik nach dem Ende des Zweiten Weltkrieges mußte sich auf den Westteil unseres Vaterlandes beschränken. Im Ostteil erlebten und erlitten die Deutschen unmittelbar nach den zwölf Jahren eines Systems weltanschaulich-totalitärer Zwangsherrschaft ein anderes System der Unfreiheit.

Die tiefen Wirkungen und Verwundungen im Bewußtsein der Menschen dreier Generationen lassen sich nicht sofort verändern. Das Hineinwachsen in die Lebenskultur einer freiheitlich-demokratischen Gesellschaft braucht Zeit.

Andererseits werden im Prozeß des Zusammenwachsens den Menschen in den alten Bundesländern Fragen im Blick auf die Verwirklichung von Gemeinsinn im System einer freiheitlich-demokratischen Ordnung neu gestellt werden. **Der deutsch-deutsche Dialog eröffnet die Chance, Grundfragen freiheitlicher Demokratie noch einmal neu, weil nun gemeinsam, von Anfang an durchzubuchstabieren.**

Die entscheidende Frage lautet: Wie können Freiheit und Gemeinsinn zusammengehen? Zweimal in diesem Jahrhundert wurde durch die totalitäre Herrschaft des Staates beides korrumpiert: die Freiheit zu erzwungenem Gemeinsinn, der Gemeinsinn zur Auslöschung von Freiheit. Im NS-Staat galt die Devise: „Du selbst bist nichts – dein Volk ist alles"; im Staat des „realen Sozialismus": „Die Partei allein weiß und entscheidet, was für dich gut ist." Soll sich der Anspruch der demokratischen Staatsform, daß in ihr Freiheit und Gemeinsinn miteinander zur Wirkung kommen, im realen Zusammenleben bewähren, darf weder die Freiheit des Einzelnen durch die Interessen des Gemeinwesens ungebührlich eingeschränkt noch aber auch die Aufgabe des Gemeinwesens, den Freiheitsraum für alle vor dem Egoismus Einzelner zu schützen, behindert werden.

Viele von uns müssen Egoismus korrigieren und Gemeinwohlpflichten ernstnehmen. Im sittlichen Allgemeinbewußtsein sollten nicht die mit den stärksten Ellenbogen bewundert werden, sondern jene, die mit ihren Stärken dem Gemeinwohl dienen.

Für **viele** andere wird es heißen, dem seit Jahrzehnten verinnerlichten Leitbild vom Staat als dem Allversorger und von der jeweils höheren Ebene als dem Befehlsgeber den Abschied zu geben. Daß es Freiheit nicht ohne Selbstverwirklichung gibt, ist oft ein schwieriger Lernprozeß; und die Erfahrung, daß selbst Verantwortung zu übernehmen Freude macht und Erfolg bringt, stellt sich nicht automatisch ein. Die tiefen Verwundungen im Bewußtsein der Menschen dreier Generationen lassen sich jetzt nicht auf einmal verändern. Das Hineinwachsen in die Lebenskultur einer freiheitlich-demokratischen Gesellschaft wird Zeit brauchen.

Gemeinsinn ist aber auch zu stärken im Zusammenspiel der **Institutionen**. Gemeinwohlschädigenden Egoismus gibt es nicht nur im Verhalten einzelner Bürgerinnen und Bürger gegenüber Kommune und Staat, sondern auch im Selbstbewußtsein und Verhalten einzelner Unternehmen gegenüber Erfordernissen des Gemeinwohls; einzelner Parteien in der Verfolgung ihrer Eigeninteressen; einzelner Kommunen gegenüber dem Staat; einzelner Länder gegenüber dem Bund wie auch umgekehrt.

Die Tendenz von politischen **Parteien** zu immer weitergehendem Einfluß im sogenannten vorpolitischen Raum sollte korrigiert werden zu einer möglichst weitgehenden Förderung von Eigenrecht und Subsidiarität für die mannigfaltigen gesellschaftlichen Kräfte selbst. Eine solche Selbstbeschränkung der Parteien würde ihre Akzeptanz als Vermittler zwischen den verschiedenen Einzelinteressen und denen des Gemeinwesens stärken.

Eine verstärkte und für die Öffentlichkeit verdeutlichte Bereitschaft der **Unternehmen**, wenn nötig, wichtigen Interessen des Gemeinwohls Vorrang zu geben vor der Verfolgung eigener Interessen, dafür aus eigenem Antrieb entsprechende ethische Standards zu entwickeln und auf Verfehlungen gegen diese Standards auf Verbandsebene selbst zu reagieren, gehört immer dringlicher zu den zentralen Aufgaben einer gemeinwohlorientierten wirtschaftlichen Kultur, die die Wirtschaft selbst weiterzuentwickeln hat.

Entsprechendes gilt auch für die Kooperation der **Tarifpartner**. Es ist ein nicht hoch genug einzuschätzender Gewinn, daß in der alten Bundesrepublik während der letzten 40 Jahre zwischen Arbeitgeberverbänden und Gewerkschaften eine im Ganzen verläßliche Bereitschaft zur Abstimmung zwischen den eigenen Interessen und denen des Gemeinwohls gewachsen ist. Um Arbeitgeber und Arbeitnehmer in den neuen Bundesländern davon zu überzeugen, wird es vieler weiterer guter Vorbilder von verantwortlicher Kooperation in der angespannten Situation der nächsten Jahre bedürfen.

Die Entwicklung politischer Kultur im vereinigten Deutschland muß mit einer **Entwicklung von Wissenschaften und Künsten** zusammengehen. Die Gefahr liegt gegenwärtig nahe, diese Aufgabe hinter den vordringlichen Notwendigkeiten des baldigen Ausbaus von Wirtschaft, Arbeitsmarkt, Infrastruktur und Umweltsanierung zurücktreten zu lassen. Das wäre ein schwerer Fehler.

Das geistig-kulturelle Leben war in der Geschichte Deutschlands schon immer ein entscheidender Faktor des gemeinsamen Bewußtseins sowohl deutscher wie auch europäischer Identität. Die Verwirklichung der Vereinigung Deutschlands und die Übernahme seiner Rolle im Vereinigten Europa ist ohne kräftigen Einfluß von Wissenschaft und Kunst nicht zu denken.

Wissenschaften und Künste gedeihen nur in Freiheit. Die politische Freiheit, die für Deutschland als Ganzes jetzt gewonnen ist, wird ihre Entwicklung in unserem Lande beflügeln und ihnen den Raum für viele neue Wege öffnen. Dies muß auch politisch gewollt, gestaltet und gefördert werden.

Die Universitäten in den neuen Bundesländern haben in der Geschichte europäischer Wissenschaft und Forschung einen großen Namen. Sie jetzt von innen heraus neu wieder aufzubauen als Stätten freier Wahrheitssuche wird nur in einem tiefgreifenden Selbstreinigungsprozeß gelingen. Jungen Wissenschaftlern müssen besondere Chancen geöffnet werden. Es wird viel davon abhängen, daß es bald quer durch das vereinigte Deutschland zu einer neuen Gemeinschaft und zu fruchtbarem Austausch zwischen Lehrenden und Lernenden kommt. Musik, Literatur und die bildenden Künste haben in der ehemaligen DDR unter den Zwängen von staatlicher Überwachung und Einflußnahme gelitten. Zugleich ist hier aber auch ein Geist des Widerstands und Freiheitswillens entstanden, von dem die weitere Entwicklung des kulturellen Lebens im vereinigten Deutschland viele Antriebe gewinnen kann. Unter diesem Aspekt kommt der gezielten Förderung von Theater, Museen, Musikstätten, Hoch- und Fachschulen, Filmkunststudios im Bereich der neuen Bundesländer eine große Bedeutung zu.

Die Kirchen haben während der letzten Jahre in der DDR als die einzigen selbstständigen, staatsunabhängigen Institutionen sowie als Schutzbereiche für die Kräfte der Befreiungsbewegung, vor allem aber als Orte der Zuflucht und Hoffnung der Menschen in Bedrängnissen, Ängsten und Notsituationen öffentliche Bedeutung gehabt. Sie werden sie weiter haben.

Es gibt gegenwärtig bereits viele Initiativen, die zur Hoffnung veranlassen, daß die riesigen Aufgaben, die die deutsche Vereinigung an uns alle stellt, zu bewältigen sind. Vor allem sind es Vorbilder von Zusammenarbeit und Solidarität, die für das Zusammenwachsen von weitreichender Bedeutung sind. Wo es für alle Einzelnen auf Selbstverantwortung in schwierigen Lebenssituationen ankommt, darf keiner sich ausgestoßen und alleingelassen erfahren. Jede Erfahrung von Zusammenstehen und konkretem Füreinander hat Signalwirkung für andere. Jedes ruhige Wort der Ermutigung sollte gegenüber unverantwortlichem Katastrophengerede den Vorrang haben, aber auch deutlich unterschieden sein von leerem Zweckoptimismus, der nur Mißtrauen sät. Es gibt Anlaß zu großer Hoffnung.

Wie vor sechs Jahren auf dem Höhepunkt der Arbeitslosigkeit in der alten Bundesrepublik, so melden wir uns in gleicher Zusammensetzung auch jetzt wieder als leitende Persönlichkeiten von DGB, DAG, Unternehmensverbänden, SPD, CDU und Kirche erneut zu Wort, um als Repräsentanten verschiedener gesellschaftlicher Gruppierungen ein Beispiel gemeinsamer Verantwortung zu geben. Wir fordern alle Verantwortlichen in den anderen Bundesländern auf, sich in entsprechender Weise zu gemeinsamem Handeln zusammenzutun.

Lübeck, 1. Juli 1991

gez. Björn Engholm, gez. Heiko Hoffmann,
gez. Peter David, gez. Dietrich Schulz,
gez. Klaus-Peter Gehricke, gez. Christoph Stier, gez. Ulrich Wilckens

Die Geschichte des Bundes Gottes mit Israel
als Seinem erwählten Volk und ihre Vollendung
in der Geschichte Jesu Christi

Zu dem Traktat von Papst em. Benedikt XVI.
„Gnade und Berufung ohne Reue"

Mit seinem Aufsatz „Gnade und Berufung ohne Reue"[1] will Bendedekt XVI. die Aussagen des II. Vatikanischen Konzils im Traktat „Nostra aetate" so vertieft aufnehmen und weiterdenken, dass sowohl das Verhältnis zwischen dem Alten und dem Neuen Testament im zweiteiligen christlichen Bibelkanon als auch im Zusammenhang damit das Verhältnis zwischen Christen und Juden theologisch eine neue Grundlegung erhält. Im Rückblick auf die unselige Geschichte der Kirche in ihrem Verhältnis zum Judentum bedeutet das:

1. Die Idee, dass Israel aufgrund seiner Ablehnung Jesu, des messianischen Sohnes Gottes, die Teilhabe am Erwählungsbund für immer verloren habe und an seine Stelle die Liebe Gottes zu seiner Kirche getreten sei, für die Gott einen Neuen Bund geschaffen habe („Substitution"), ist zwar bereits im 2. Jahrhundert entstanden und zieht sich durch alle Jahrhunderte hindurch als Grund der Verachtung und Ausgrenzung der Juden und leider auch vieler Gewalttaten gegen sie bis zum Holocaust als Höhepunkt. Im Blick darauf muss sie in unserer Gegenwart von der Leitung der Kirche deutlich abgelehnt werden. Das ist nun endlich durch den Lehrentscheid des Konzils geschehen. Dieser muss freilich nach Benedikts Urteil in manchen Einzelheiten noch weiter geklärt werden. Dem dient sein Aufsatz.

2. In engem Zusammenhang damit steht auch die Aufgabe, das Verhältnis des Neuen Bundes zum Alten und also auch des Neuen Testaments zum Alten neu zu ergründen. Benedikt tut das durch die These, dass im Alten

Testament nicht einfach Fakten erzählt und aneinandergereiht werden, auf die dann das Neue Testament als auf jeweils einzelne Prophetien zurückgreift, sondern sie sind als ein Ganzes zu verstehen: als die Geschichte der Taten Gottes, als „dynamisches Drama", das, in der Schöpfung begonnen, als Verwirklichung des Heilswillens Gottes ein Kontinuum darstellt, das auf die Zukunft der Endzeit zuläuft. Darum ist nicht nur von einem, sondern von mehreren Bünden (im Plural) die Rede: Der Bund mit Noah (Gen 6,18; 9,9-11) wird erneuert durch den Bund mit Abraham (15,18) und seinen Nachkommen (17,19); und dieser wird dokumentiert durch die beiden Tafeln des Bundes mit Israel, Seinem Volk (Ex 19,5; Dtn 5,2; 9,11). Und er konkretisiert sich im Bund mit David (Ps 89,4-6; 132,12-34; Ez 34,23-25). Dieser wiederum wird später eschatologisch hochgesteigert durch die Ankündigung eines neuen Bundes (Jes 55,3; Jer 31,31f; Hos 2,21f), einen Bund des Friedens (Ez 37,26), in dem Friede geschaffen wird nicht nur für Israel, sondern für alle Völker (Mi 4,1-5).

3. Der neue Bund ist vollendet worden in Jesus als dem messianischen Gottessohn. Sein Kreuzestod zur Sühnung der Sünden Israels und aller Menschen sowie seine Auferweckung durch Gott zum ewigen Leben sind selbst eschatologisches Heilsgeschehen, in dem sich die dynamische Geschichte des Alten Bundes zum Neuen Bund vollendet. Deswegen darf man – nach Benedikts einleuchtendem Urteil – die dynamische Kontinuität der beiden Bünde nicht so voneinander scheiden, dass der Alte Bund nur Israel betreffe und der Neue Bund allein die Christen und einzelne Juden, die sich zum Glauben an den Messias Jesus bekehren. Vielmehr: Der einzig-eine Gott will in der Geschichte der aufeinanderfolgenden alttestamentlichen Bünde in verborgener Wahrheit insgeheim bereits von Anfang an die Menschheit als Ganze in seine Erwählungsgnade mit Israel einbeziehen. Mag seit der endgültigen Zerstörung Jerusalems und des Tempels im Jahr 70 n. Chr. die Synagoge die Kirche ablehnen und umgekehrt – der Heilswille Gottes gilt nach wie vor ganz Israel und der Vollzahl aller Völker in gleicher Weise. Die endzeitliche Errettung wird nach Röm 11 *allen* zuteilwerden. In *diesem* Sinn leben Israel und die Kirche in einer universalen Gemeinschaft, sodass beide einander als Gottes Kinder anerkennen müssen. Dass der Bund mit Israel von Gott nicht um des Neuen willen seine.

Geltung verloren hat, sondern *„ungekündigt"* besteht, aber in den Neuen Bund insgeheim einbezogen ist, ist wahr und soll von der Kirche heute endlich anerkannt werden. Dies ist die entscheidende These Benedikts.

Es ist darum eine Missdeutung, wenn etliche Leser in Benedikts Aufsatz einen versteckten Antijudaismus sehen wollen. Dass es darin vielmehr umgekehrt darum geht, die Botschaft von „Nostra aetate" zu klären, sagen andere Leser, die Benedikt zustimmen, mit Recht. Doch wie dieser in seinen Ausführungen eine notwendige Präzisierung der Konzilsbotschaft geben will, so bedürfen m.E. die seinigen einer genaueren biblisch-exegetischen Begründung[2].

I. Der Heilsweg Gottes von der Schöpfung bis zur Erwählung Abrahams

Das Alte Testament beginnt nicht mit dem Ruf an Abraham und also nicht mit dem Anfang der Geschichte Israels, sondern mit dem Schöpfungswerk, dem Ruf an alles, was ist, ins Sein durch die Macht des Wortes Gottes: *„Und er sprach, und es ward."* Den Menschen hat Gott als Sein Bild geschaffen; er sollte den Auftrag Gottes zur Bewahrung der ganzen Schöpfung erfüllen. Dazu bedurfte er der Kraft des Schöpfers, der als solcher auch der Erhalter alles Geschaffenen ist. Dazu musste Adam Gott als Seinem „Ebenbild" gleichen (Gen 1,27). Alles Leben hat seine Quelle in Gottes Leben. Und so ist alles „gut" und sogar „sehr gut", was Gott geschaffen hat: Und dazu, dass es gut bleibe, soll der Mensch aufgrund seines Auftrags sorgen. Kein Böses soll in die Welt des Paradieses hineinwirken. Das Leben soll nicht im Tod zunichte werden. Darum behält sich Gott Seine bleibende Herrschaft in den beiden Bäumen des Lebens und der Erkenntnis des Guten im Gegensatz zum Bösen vor (Gen 2,9). Diese Bäume sollen für die Menschen in ihrer Fürsorge für alle sonstige Kreatur unberührbar sein. Denn nur, wenn in allem, was der Mensch in gehorsamer Ausführung seines Auftrags zu tun hat, Gottes Herrschaft über das Leben zur Wirkung kommt, kann es Böses nicht geben. Doch in der Freiheit, die der Mensch zur Wahrnehmung seines Auftrags vom Schöpfer als einziges Geschöpf empfangen hat, ist die *Möglichkeit* des Zuwiderhandelns gegen Gottes Gebot enthalten. Die Schlange als Symbol des Bösen verführt so Eva und Adam; statt Gott gehorsam zu sein, soll der Wille in ihnen durchbrechen, *selbst zu werden wie Gott* (Gen 3,9).

Das meinen die Menschen zu tun, indem sie mit dem Essen der verbotenen Frucht die Erkenntnis des Guten und Bösen sich selbst aneignen: Sie wollen erkennen, was *für sie* gut und nicht gut ist. So wird aus der Freiheit zum Gehorsam der Egoismus des Geschöpfs, in dessen Handeln das Böse *existent* wird. Die Menschen werden zu Sündern. Sünder aber dürfen nicht weiter über die Schöpfung herrschen. Sie werden aus Gottes Garten ausgestoßen und müssen nun in der Wüste sehen, wie sie, die Gott-los sie selbst sein wollen, sich selbst verloren haben. Sie müssen mit Mühsal schuften, um sich aus dem verfluchten Acker etwas zu essen zu verschaffen, und schließlich „zum Staub zurückkehren", aus dem Gott sie als *seine* Menschen erschaffen hat (Gen 3,19). Ohne Gott gibt es kein Leben.

So beginnt mit der Schöpfung nicht nur die Geschichte der bleibenden Güte Gottes für alle Seine Geschöpfe, sondern auch die der Sünde des Menschen, mit dessen Ruf ins Dasein die ganze Schöpfung eigentlich „sehr gut" war und es bleiben sollte. Diese tiefe Widersprüchlichkeit wird alle weitere Geschichte bestimmen.

II. Die Erwählung Abrahams als Beginn der Geschichte eines „gerechten" Volkes Gottes inmitten von Völkern, die ihren Götzen dienen

Aus dem gottlos gewordenen Menschenpaar wird alsbald ein mörderisches Menschengeschlecht. Es beginnt mit dem Brudermord (Gen 4); um seinetwillen muss Gott seine ganze Schöpfung durch die Sintflut vernichten (Gen 6,5-8) – eben deswegen, weil sie unter der Herrschaft von Sündern nicht mehr gut bleibt, sondern durch das nunmehr existent gewordene Böse in ihrem Wesen nichtig geworden ist. Aber, oh Wunder: *Einen* Menschen, Noah, und dessen Familie und Haustiere *rettet Gott* (Gen 8,1-9,17) aus der Flut, um mit seinem Geschlecht eine neue Menschheit werden zu lassen, so wie Er sie in der Schöpfung gewollt hat (Gen 8,21f). Deswegen schließt er den Ersten „Bund" (Gen 9,13-17) mit dem Versprechen, eine Sintflut nicht noch einmal zu wiederholen (Gen 9,11).

Doch aus Noahs Geschlecht wird – entgegen diesem Segen Gottes – nochmals eine gottlose Menschheit, die die Ursünde Adams wiederholt. Nun bauen sie einen Turm, „dessen Spitze bis an den Himmel reicht, dass *wir uns einen Namen machen*" (Gen 11,4), einen Namen nämlich, der Gottes Namen verdrängen soll. Auch hier muss Gott eingreifen. Er

„verwirrt" ihre Sprache, sodass aus der einen Menschheit eine Welt voller verschiedener Völker entsteht, in der keines das andere auf Anhieb versteht. So verkehrt er den ursprünglichen Sinn der Sprache als Medium der Gemeinschaft aller Menschen, die gemeinsam allen anderen Geschöpfen ihre Namen gegeben hatten (Gen 2,20), in das Gegenteil einer gemeinschaftslosen Menschheit von Völkern, die, weil sie einander sprachlich nicht mehr verstehen, mit dem Mittel militärischer Auseinandersetzungen die Beziehungen zueinander vergiften.

So beginnt Gott in einer neuen Phase Seiner Geschichte mit den Menschen eine Teilgeschichte eines Volkes von Gerechten inmitten der sündigen Gesamtheit der vielen Völker: die Geschichte eines Bundes, die bestimmt ist durch Gottes Erwählung Abrahams und seiner Nachkommen, in der die erwählten Menschen dem Willen Seiner Güte für sie ihrerseits entsprechen sollen durch ein Zusammenleben in Gerechtigkeit. Dazu ruft Gott Abraham heraus aus seiner Sippe, um ihm auf dem Wege nachzufolgen, dessen Ziel einmal die Gabe eines eigenen Landes sein soll. Das Volk, das Gott in der Berufung Abrahams zu schaffen gedenkt, soll die Alternative zur übrigen Sünden verfallenen Menschheit sein, die an Israel sehen soll, wie nach dem Willen des Schöpfers eigentlich alle Völker leben sollen.

Aber auch hier wirkt die Sünde herein. Abrahams Enkel stoßen ihren ungeliebten Bruder Joseph aus der Familie aus. Sie werfen ihn in eine Grube und verkaufen ihn einer Karawane von Fremden (Gen 37,18ff), die ihn wiederum an einen hohen Beamten am Königshof Ägyptens verkaufen (Gen 39,1f). Dort gerät er zunächst ins Gefängnis. Seinen beiden Mitgefangenen deutet er ihre Träume, und der Pharao lässt ihn zu sich bringen, um auch dessen Träume zu deuten (Gen 41). Weil der von einer Folge von sieben fruchtbaren und sieben unfruchtbaren Jahren handelt, wird Joseph zum höchsten Beamten, der entsprechende Regularien im ganzen Reich einführt, um darauf vernünftig zu reagieren. Der Hunger in der zweiten Phase treibt auch die Söhne Jakobs nach Ägypten. Am Hof des Pharao erkennen sie in dem für die Verteilung von Lebensmitteln zuständigen Beamten ihren Bruder nicht. Er aber erkennt sie, versorgt sie reichlich für die Heimfahrt, auf der sie entdecken, dass er ihnen ihr Geld in den Getreidesäcken versteckt mitgegeben hat (Gen 42,25ff). Bei der zweiten Reise handelt Joseph ebenso (Gen 44), verlangt aber, seinen Lieblingsbruder

Benjamin zu sehen. So zieht in der dritten Reise die ganze Sippe Jakobs mit Benjamin nach Ägypten, und der ganzen Familie wird vom Pharao ein ganzer Bezirk als ihr Wohnbereich angewiesen, wo sie nun leben und sich binnen kurzer Zeit zu einem großen Volk vermehren. Vor seinem Tod deutet Joseph das ganze Geschehen mit dem Wort: *„Ihr* gedachtet es *böse* mit mir zu machen, aber *Gott gedachte es gut zu machen"* (Gen 50,20). Diese Deutung entspricht dem Heilswillen des Bundes Gottes.

Der neue Pharao jedoch macht die Israeliten zu Sklaven, die nun karg leben, aber sich in vielen Dienstleistungen verausgaben müssen (Ex 1). Gott aber beruft *Mose* als seinen Diener, der Israel aus diesem Sklavengefängnis befreien soll. Dieser jedoch bittet Gott um die Mitteilung Seines Eigennamens, weil er mit diesem allein die Israeliten überzeugen kann. So erfolgt die erste Offenbarung des Namens des Gottes Abrahams, in dem dieser sein Wesen ausspricht: „Jawhe", das heißt: „ICH bin, der Ich bin, und werde sein, der Ich sein werde" (Ex 3,14). Dies wird konkret in der nachfolgenden Befreiung: „ICH will mit dir sein" (Ex 3,12).

Doch der Pharao weigert sich, seine Sklaven zu entlassen. Und so bedarf es einer Reihe von Katastrophen (Ex 5-11), bevor Israel endlich in der Passah-Nacht Ägypten verlassen kann (Ex 12,37ff). Sie ziehen bis zum Schilfmeer, wohin das ägyptische Heer sie verfolgt. Gott aber öffnet einen Pfad mitten durch das Meer, dessen Flut sich nach beiden Seiten zurückzieht; und als sie auf der gegenüberliegenden Seite angelangt sind, schauen sie zurück und sehen, wie das ganze Heer der Ägypter beim Wiederzusammenschießen der Flut umkommt (Ex 14). So singen sie Jawhe einen Dank- und Lobgesang, „der so herrlich und heilig ist, schrecklich, löblich und wundertätig" (Ex 15,11). In diesem Sinn wird Jawhe „König sein, immer und ewiglich" (V 18).

Dieses Wunderhandeln Gottes der Befreiung seines Volkes wird von nun an durch alle Generationen Israels hindurch der Erweis dessen sein, dass Jawhe immer den Bund mit Seinem erwählten Volk durch dessen Errettung verwirklichen wird. So ist im Dekalog dieses Befreiungswunder geradezu das Attribut seines heiligen Namens (Ex 20,2).

Wir sind hier im Zentrum der Theologie des Alten Testaments. Wenn man das Buch Exodus (mit Papst Benedikt) *kanonisch* liest – das heißt, so wie es im überlieferten Text vorliegt –, dann wird deutlich, wie der Sinn des Namens Gottes „Jahwe" in jedem Geschehen immer wunderbarer hervortritt: Zuerst wird betont, dass dieser ICH derselbe Gott ist wie der, der Abraham berufen hat und dessen Sippe zu Seinem eigenen Volk hat werden lassen (Ex 14,14f.18; 20). Unmittelbar nach der Offenbarung Seines Namens als Fundament des Dekalogs (Ex 20,1-7) folgt jedoch die Katastrophe der Anbetung des aus eigenem Besitz selbst gemachten Götzen (Ex 32). Kaum dass Gott den Bund mit Seinem Eigentumsvolk auf den beiden Steintafeln dokumentiert hat, hat dieses ihn bereits gebrochen, und zwar direkt das 1. Gebot! Doch auf Moses Flehen für Israel, das seine Sünde bereut, erweist sich Gott kraft Seines Namens, indem er sogar diese Sünde des totalen Abfalls vergibt: Das ICH von Ex 3,14 wird konkret als „Wem ICH gnädig, dem bin ICH gnädig" (Ex 32,19). Er ist Gott als *„barmherzig und gnädig, geduldig und reich an Liebe und Treue"* (Ex 34,6). In Seiner Gnade lässt Gott es einfach nicht zu, dass Israel den Bund mit seiner Sünde zunichte macht, den doch *Er* mit ihm gegründet hat. Gewiss lässt Er die Schuldigen die Folge ihrer Sünde eine Zeit lang erfahren – sonst würde der Ernst, um den es in den Geboten Seines Bundes geht, nicht echt sein. Aber während dieses „Zorngericht" seine kurz bemessene Zeit hat, hat Seine Gnade ewige Wirkung (Ex 34,7). Das heißt: *In Gott selbst* tritt Sein berechtigter Zorn hinter Seine Gnade unendlich weit zurück. Das ist im hebräischen Urtext mit dem Übersetzungswort „geduldig" gemeint. Gott ist also in Seinem Wesen wunderbar. Das zeigt sich in jeder Vergebung! Jahwe erneuert den Bund, indem Er den Dekalog auf zwei neuen Steintafeln selbst einmeißelt (Ex 34,28; Dtn 10,1ff).

Liest man nun in den Geschichtsbüchern weiter, so wiederholt sich dieses Wunder immer wieder neu. Denn immer von Neuem widersetzt sich Israel dem Willen Gottes. So vollzieht sich Adams Sünde leider auch in der Geschichte des Volkes, in dem Gott doch eigentlich allen Völkern beispielhaft erkennbar werden lassen wollte, dass der Noah-Bund seine Geltung behält. Bereits in der Zeit der Wanderung durch die Wüste, die Gott als Erprobung der Gerechtigkeit Israels in die Länge zieht (40 Jahre!), empört sich das Volk in jeder Phase der Entbehrung immer wieder gegen Gott, sogar auch gegen das den Bund begründende Errettungshandeln seines Gottes im Exodus (Ex 16,31; 17,3). Obwohl Jahwe ihren Hunger durch das Manna, das wunderbare „Brot vom Himmel" (Ex

16,4), und durch Wachteln (Ex 16,13) und ihren Durst durch das wunderbar aus dem Felsen herausfließende Wasser stillt (Num 27,12ff), hört das „Murren" nicht auf! „So seid ihr dem Herrn ungehorsam gewesen, solange ich euch gekannt habe" (Dtn 9,24). Israel hat die Probe nicht bestanden. Deswegen wird die Exodus- und Wüstengeneration – einschließlich Mose selbst (Dtn 3,23ff) – das Land der Verheißung nicht betreten dürfen. Allein die junge Generation unter der Führung Josuas (Num 27,12ff) darf den Jordan überschreiten und in das Land einziehen. Zuvor lässt Gott Mose noch einmal den ganzen Dekalog verkünden (Dtn 5) und die Israeliten zum Gehorsam verpflichten: „dass du in allen Seinen Wegen wandelst und Ihn liebst und Jahwe, deinem Gott, dienst von ganzem Herzen und von ganzer Seele" (Dtn 10,12). Es soll ein gerechtes Volk sein, das in das verheißene Land einzieht. Wer ungehorsam ist, den trifft Gottes „Fluch" (Dtn 27,11ff). Nur ein gehorsames Bundesvolk soll unter Gottes Segen das Land bewohnen (28,1ff; 30,1ff).

Die Zusage, dass Gott „mit Seinem Volk sein" will (Jos 1,9) und alle Völker „erkennen sollen, wie mächtig Er als Israels Gott ist" (Jos 4,2ff), erfüllt sich nun aber auf eine Weise, die allem widerstreitet, was bisher über Gottes Wesen gesagt worden ist und sonst im Alten Testament von Ihm gesagt wird. Als erste Stadt wird Jericho erobert und auf Gottes ausdrücklichen Befehl so „gebannt", dass sämtliche Bewohner, von den Greisen bis zu den kleinen Kindern, samt allen Haustieren ermordet werden (Jos 6). Und so geht es fort von einer Stadt bis zur anderen (Jos 10,28ff). Diese von Gott gewollte und Israel befohlene Vollstreckung des „Bannes" soll offenbar den Nachbarvölkern die Macht des Gottes dieses neu angesiedelten Volkes erweisen, der keine menschliche Macht gewachsen ist. Sie sollen sich vor diesem Israel fürchten, sodass dieses von daher in Frieden leben kann.

Freilich irritiert dies uns Leser: *Gott* ordnet doch kein solches Gemetzel an! Da dieser „Bann" in der folgenden Geschichte immer wieder befohlen und vollstreckt wird, tritt die Bedeutung dieses Machterweises Gottes im Zusammenhang des Glaubens Israels zwar unübersehbar hervor. Aber wie sich das mit dem Sinn des Namens Gottes in Ex 34,6 vereinbart, bleibt rätselhaft. Dies gehört zu den Aspekten des Alten Testaments, die nicht nur uns heutigen Christen unannehmbar sind, sondern auch dem Gottesverständnis Israels selbst eigentlich widerstreiten.

Die ganze Geschichte Israels ist von lauter Kriegen bestimmt, die einmal mit Jahwes Hilfe gewonnen, das andere Mal verloren werden, weil Gott Seinem Volk zürnt. Schließlich werden beide Königreiche Israels, das im Norden in Samaria (2. Kön 17) wie auch das traditionell judäische Reich im Süden (587 n.Chr.) durch feindliche Übermacht zunichte (2. Kön 25). Die Babylonier zerstören die Stadt Jerusalem samt dem Tempel und führen die gesamte Oberschicht Judas als Gefangene nach Babylon, wo sie 70 Jahre hindurch bleiben, zutiefst enttäuscht und hoffnungslos, je wieder nach Hause zurückkehren zu können.

III. Die Geschichte nach seiner Heimkehr nach Jerusalem

Der Grund für diese generationenlange Verhaftung in eine Gefangenschaft in Babylonien, die der früheren in Ägypten gleicht, ist der permanente Bundesbruch in Götzendienst und sozialer Ungerechtigkeit der Reichen gegen die Armen (vgl. z.B. Am 8,4-6; Jes 1,17). Jetzt sehen alle Gefangenen ihre Sünden ein, die so böse sind, dass die Meinung sie beherrscht, mit dem Bund sei es nun ein für alle Mal aus (vgl. z.B. Klagelieder Jeremias 2; 5,19-22); Gott sei jetzt nicht mehr zur Vergebung und Hilfe zu bewegen. Doch die Wahrheit Seines Namens nach Ex 34,6f verwirklicht sich selbst an diesen Verlorenen (Klagelieder 3,20-33). Gott lässt ihnen durch Propheten wie Jeremia, Ezechiel und Deuterojesaja (Jes 40ff) Trost und Hoffnung zusprechen (z.B. im Brief Jeremias: Jer 29). Gott wird Seinen Bund erneuern (Jer 31,31). Aber es wird ein wesenhaft *neuer* Bund sein: Jeder Israelit soll in seinem eigenen Herzen und Gewissen um Gottes Heilswillen und Seine Gebote wissen (Jer 31,31ff). Und Jahwe kündigt die Rückkehr nach Jerusalem und den Neubau der Stadt und des Tempels an (Jer 31,38ff). Das Gleiche verkündigt Deuterojesaja (Jes 40): „ICH, ich bin es, der um meinetwillen deine Vergehen auslöscht, ich denke nicht mehr an deine Sünden" (Jes 43,25).

Doch diese Heilszusagen beziehen sich nicht nur auf die irdische nachexilische Geschichte des Volkes, sondern weit darüber hinaus auf eine vollendete Heilszeit in einer endzeitlichen Zukunft. Alles, was die Propheten Israels im Namen Gottes verkünden, hat zugleich mit der irdischen Zukunft einen eschatologischen Zukunftsaspekt, der ganz und gar wunderbar ist. In dieser Zukunft wird sich Gottes Barmherzigkeit nach Ex 34,6 vollenden

(Jes 48,9-11; 54,7-10). „So hoch der Himmel über der Erde ist, so hoch erhaben sind meine Wege über eure Wege und meine Gedanken über eure Gedanken" (Jes 55,9). Der davidische Messias wird sich als der gute Hirte der Schafherde Gottes erbarmen (Ez 17.23ff). Ezechiel sieht das kommende Heil im Bild einer Auferweckung von Toten in einem riesigen Gräberfeld (Ez 37). Auch der Prophet Hosea verkündigt Gottes Erbarmen über die Israeliten, die durch ihre Sünden alles Erbarmen verloren haben.[3] Überall ist es die *Gnade Jahwes*, in der sich der *Name Gottes von Ex 34,6* verwirklicht (z.B. Joel 2,12f): „Wer des HERRN Namen anruft, wird errettet werden" (Joel 3,5). Sogar die vielen harten Anklagen, die nahezu das ganze Buch Amos füllen, enden mit einer Zusage der Vergebung und eines Neubaus.[4] So zeigt sich: Alle Propheten kennen Gottes Namen von Ex 34,6f, den sie als ihr Fundament und ihre Quelle verkündigen.

IV. Die Psalmen und Weisheitsbücher

Das Gleiche gilt für die Psalmen und sogar auch für die Weisheitsbücher. Besonders in den Psalmen ist von Gottes Heilshandeln im Sinne Seines Namens von Ex 34,6 häufig die Rede, wenn der Beter seine Sünden bekennt (Ps 51,3f; 86,5) oder wenn er Rettung aus akuter Not erfleht oder für sie dankt.[5] In Ps 106,19-23 steht die Katastrophe des Goldenen Kalbs von Ex 32-34 direkt vor Augen.[6] Alle Rückblicke in die Geschichte haben es mit Götzendienst zu tun.[7] Viele Hilferufe um Vergebung bedienen sich des Wortlauts in Ex 34,6.[8] Für die Macht der Gnade Gottes gibt es im ganzen Universum keine Grenze (36,6-10; 57,11; 108,5). Den ärmsten Menschen hilft sie auf.[9] Besonders gilt das für die Rettung von Feinden.[10] Wo die Vergebung verzieht, lautet die Frage: „Willst du denn auf ewig zürnen? ... Um deines Namens Willen reiß uns heraus" (79,5.9; 85,6-8).

Immer und immer wieder *hat* Gott damals in der Wüstenzeit geholfen. Total hilflos sind Glaubende nie gewesen (78,38; 85,10-12). Es gibt zwar Psalmen, die darum bitten, politische Feinde durch Gottes Zorn zu vernichten.[11] „Rachepsalmen" sind es aber gleichwohl nicht; geht es doch entscheidend darum, dass auch Israels Feinde selbst zur Erkenntnis der Macht Gottes kommen, Sein Volk vor ihnen zu schützen (Ps 83,8.13ff). Und es gibt keine Scheu vor dem Gedanken, dass letztlich alle Völker von der Schöpfergüte des einzig-einen Gottes umfangen sind (Ps 145,13-21).[12]

So kann man tatsächlich im Namen Gottes von Ex 3,14; 20,2; 34,6f den Kern und die Wurzel aller Rede von Gott im ganzen Alten Testament erkennen (vgl. Ps 136!). In all seinen Büchern finden sich noch direktere Zitate oder Hinweise auf diesen Namen Jahwes, in dem sich all sein Handeln konzentriert. Es wird damit nun auch deutlich, dass sich das gesamte Gotteszeugnis des Alten Testaments in Wirken und Geschichte Jesu vollendet. In seiner Verkündigung der Gottesherrschaft geht es in der Sache um die endzeitliche Macht und um den letzten Heilswillen der Gnade und Barmherzigkeit im Sinn von Ex 3,14f. Auch wenn sich keine direkten Zitate finden, kann man sehen, wie im Neuen Testament die ganze Dynamik des alttestamentlichen Gotteszeugnisses in der Verkündigung Jesu ihr Ziel findet (Joh 1,14! Vgl auch alle Grußformeln am Anfang und Schluss der Briefe: „Gnade und Friede!"). Und noch mehr: In seinem Sühnetod zur Befreiung von unseren Sünden wirkt die Liebe Gottes von Ex 34,6f in letzter Radikalität; und in seiner Auferweckung die Allmacht ihrer rettenden Hilfe. Darum ist vor allem der Psalter zum Gebet der Kirche geworden.

V. Der Sühnetod des Sohnes Gottes als Vollendung des Vergebungshandelns im Ritual des Versöhnungstags in Lev 16

Hier muss nun ein weiterer entscheidender Zusammenhang zwischen dem Alten und dem Neuen Testament hinzugefügt werden. Vergebung seiner Sünden ist Israel nicht nur je aktuell durch Propheten zugesprochen worden, sondern sie hat ihren zentralen Ort im Leben des Volkes im *Kult*. Jeder einzelne Israelit, der Gott seine Sünden bekennt, durch die er „ungerecht" geworden ist, konnte die Ernsthaftigkeit seiner Umkehr durch ein Opfer konkretisieren. Geschlachtet wurden Haustiere, in deren Blut das Leben ist, dessen Hingabe an Gott, stellvertretend für das Leben der Sünder selbst, durch Gottes Gnade angenommen wurde. (Lev 17,11: „Des Leibes Leben ist im Blut, und ich habe es euch für den Altar gegeben, damit ihr dadurch entsühnt werdet. Denn das Blut wirkt Entsühnung, welches Leben in ihm ist.") Nur dazu dient das Blut, das darum nicht getrunken werden darf. Der Befreiung ganz Israels von seinen Sünden jedes Jahres dient das Kultfest der Versöhnung (*jom kippur* – Lev 16), das der Höhepunkt des Jahres ist. Hier bringt der Hohepriester das Blut von Haustieren zuerst für sich selbst und dann für das ganze Volk in das „Allerheiligste", den Raum im Innersten des Tempels, den nur er – und auch nur an diesem einen Festtag – betreten darf. Denn es ist der Ort, an dem Jahwe inmitten Seines „Eigentum"-Volkes „wohnt" – und zwar auf dem „Gnadenstuhl", der auf dem Kasten (der „Lade") steht, in der das Heilige Buch der Tora liegt (Ex 40), links und rechts von einem der Erzengel (der „Serafim") beschattet. Der Hohepriester sprengt mit seinem Finger etwas von dem Blut der beiden auf dem Altar geschlachteten Tiere an diesen Sitz Gottes, den „Gnadenstuhl", und gießt dessen Rest unten am Altar aus. Jahwe erkennt das Leben der Tiere im Blut als stellvertretend für das Leben Israels an und vergibt die darin wirksame Sünde des ganzen Volkes. Das ist eine besondere Gabe Seiner Gnade und Liebe von Ex 34,6f.

Der Hohepriester verkündigt bei seiner Rückkehr aus dem Allerheiligsten dem in der großen Halle des Tempels versammelten Volk die Vergebung seiner während des ganzen Jahres begangenen Sündenfülle. Und die sühnende Wirkung des Gott dargebrachten Tierblutes symbolisiert sich außerdem in einem weiteren Akt: Der Hohepriester stemmt seine Hände auf den Kopf des anderen der beiden für den Kult des Versöhnungstages ausgewählten Böcke und lässt diesen, beladen mit der ganzen Sünde Israels, in die Wüste hinaus bringen, wo er zusammen mit seiner ihm aufgeladenen Last im Tod zunichte wird.

Dass statt der Tiere des „jom kippur" *ein Mensch* sein Leben stellvertretend für ganz Israel in den Tod hingibt, ist im Alten Testament nur ein einziges Mal bezeugt: im Geschick des „*Gottesknechts*", von dessen Leiden und Ermordung die Gemeinde seiner Schüler in Jes 52,13-53,12 singt: „Er ist um unserer Missetat willen verwundet und um unserer Sünde willen zerschlagen. Die Strafe liegt auf ihm, auf dass wir Frieden hätten; und durch seine Wunden sind wir geheilt ... Der HERR warf unser aller Sünde auf ihn. Als er gemartert ward, litt er doch willig und tat seinen Mund nicht auf wie ein Lamm, das zur Schlachtbank geführt wird" (53,5-7). „So wird er", der Gerechte, „den vielen Ungerechten Gerechtigkeit schaffen; denn er trägt ihre Sünden." – „Des Herrn Plan wird durch ihn gelingen"; darum wird er nach der Finsternis des Todes „das Licht schauen und die Fülle haben" (V 11).

Es ist ganz deutlich, dass hier das stellvertretende Leidens- und Todesgeschick Jesu das des Gottesknechts im Sühnegeschehen des Versöhnungstages von Lev 16 zum Vorbild hat. Wie dort im Blut der Tiere, in dem stellvertretend die Menschen ihr verschuldetes Leben Gottes Gnade hingeben, Gott Seine Gnade von Ex 34,6f in der Vergebung der Sünden ganz Israels wirksam werden lässt, so geschieht dies im Kreuzestod und in der Auferstehung Jesu mit viel tieferer Wirkung zur Vergebung der Sünden aller Menschen. Hier wird die Zielrichtung des ganzen alttestamentlichen Heilsgeschehens auf dessen eschatologische Vollendung in Jesus Christus so deutlich, dass es für die Urchristenheit klar war: In Jes 53 wird im Zeugniszusammenhang der Schrift des Alten Testaments die Mitte und zugleich Vollendung des gesamten Heilshandelns Gottes in der Geschichte Israels im Voraus sichtbar, sodass in Jesu Leiden und im Tod des letzten Gottesknechts das zentrale Heilsgeschehen in Jesus Christus unmittelbar zu gewahren ist (vgl. Mt 26,28; Lk 22,37; Röm 4,23-25; Phil 2,8f; 1. Petr 2,24). Dieses vollzieht sich im Leben der Kirche in der Feier der Eucharistie, in der das sühnende Abschiedsmahl Jesu mit seinen Jüngern gegenwärtig wird. In der alten Formel, die Paulus in Röm 3,24f zitiert, klingt der Bezug zur Sühnehandlung von Lev 16 sogar wörtlich an (vgl. auch Hebr 9,1-14).

Es ist also nicht nur so, dass die neutestamentliche Verkündigung auf die voraussagenden Prophetien im Alten Testament jeweils einzeln zurückgreift, sondern umgekehrt: Die Gottesverkündigung des Alten Testaments im Sinn von Ex 34,6 begründet die Heilsverkündigung des Neuen Testaments! Das Alte Testament ist darum nicht die Heilige Schrift allein der Juden, die auch Christen lesen dürfen, sondern es ist die für Juden und Christen gemeinsame Heilige Schrift. Juden, für die noch heute der Name Gottes das zentrale Mysterium der Tora ist, sollten sich von Ex 34,6f zur Vollendung der Liebe Gottes in Jesus Christus führen lassen. Nur von der endzeitlichen Vollendung der Liebe Gottes in Ex 34,6f her können Christen gewiss sein in der Hoffnung darauf, dass Gott Sein gesamtes Volk Israel, das jetzt mehrheitlich noch die Verkündigung und das Geschick Jesu als des Sohnes Gottes ablehnt, zum Endheil mit uns Christen zusammenführen wird (Röm 11,26f). Darauf zielt die „Dynamik" des alttestamentlichen Handelns Gottes letztlich — wie ebenso auf die endgültige Erlösung für die „Fülle" der Heidenchristen. Beide, Juden und Heiden, werden — so verkündigt es Paulus — das Endheil durch die Heilswirkung des Versöhnungstods Jesu Christi empfangen. Es gibt also keinen besonderen Bund für das erwählte Gottesvolk Israel, der abseits des Kreuzes Jesu Christi endzeitlich vollendet werden würde, *neben* dem Heil für die Christen durch Jesus Christus, sodass dieser nur für Christen der Erlöser wäre [13], sondern am „Neuen Bund", in dem durch den Kreuzestod Christi der Alte Bund vollendet worden ist, haben Juden wie Christen gemeinsam teil. Den endzeitlichen Dank- und Lobgesang werden beide in voller Gemeinsamkeit singen. Darin hat Papst Benedikt XVI. zweifellos recht – auch wenn er den Zusammenhang der Offenbarungen des Namens Gottes in Ex 3,14 und 20,2 bis hin zu 34,6 als Höhepunkt noch nicht gesehen und in seiner zentralen Bedeutung für das Verständnis der ganzen biblischen Botschaft erkannt hat.

So ist dieser Aufsatz nicht nur ein öffentliches Ja zu dem Anliegen des zu Unrecht von christlichen und jüdischen Theologen bestrittenen Aufsatzes Benedikts, sondern zugleich auch eine neue biblische Grundlage für einen fruchtbaren Dialog zwischen Christen und Juden.

---

[1] Vgl. Joseph RATZINGER/BENEDIKT XVI.: *Gnade und Berufung ohne Reue. Anmerkungen zum Traktat „De Judaeis"*, in: IkaZ 47 (2018), 387-406.

[2] Zum Folgenden vgl. den Durchgang durch alle Schriften des Alten Testaments in meiner *Theologie des Neuen Testaments, Bd II: Die Theologie des Neuen Testaments als Grundlage kirchlicher Lehre, Teilbd. 1: Das Fundament*, Neukirchen-Vluyn 2007, 86-174, sowie in meinem gemeinverständlichen Buch *Studienführer Altes Testament*, Basel 2015. Was die zentrale Bedeutung von Ex 34,6f betrifft, habe ich mich belehren lassen von Hermann SPIECKERMANN, *Gottes Liebe zu Israel. Studien zur Theologie des Alten Testaments*, Tübingen 2001.

[3] Hos 2,1-3; 21f; 25; 6,1f; 11,8f; 14,5ff; Joel 2,12f; 3,2-5.

[4] Am 9,11ff; vgl. Micha 7,18f-20; Sach 9,9f.

[5] Joel 2,13; Jon 4,2; Ps 86,15; 103,8; 145,8; Neh 9,17.

[6] Vgl. z.B. 1. Kön 12,28.

[7] Vgl. z.B. Ps 78 und 106.

[8] Vgl. Num 14,17f; Ps 86,5.15; 103,8; 116,4f.

[9] Ps 22,23ff; 54,3-9; 59,17f; 72,12f.

[10] Ps 18,47-51; auch V 23,3f; 130,7f; 124,6-8; auch 68,7; 126.

[11] Vgl. z.B. Ps 60,14; 83,14-19; sehr grausam ist Ps 137,9.

[12] Zu den Weisheitsbüchern vgl. WILCKENS, Studienführer (s. Anm. 2), 3-7.

[13] Dies ist von Ratzinger nicht gemeint, wenn er von einem besonderen Sendungsauftrag Gottes an das Israel der Zeit n. Chr. spricht; vgl. JRGS 8/2 (2010), 1130.